꿈이 머문 슬픈 인형

허 신 지음

꿈이 머문 슬픈 인형

허 신 지음

다이아트
DAINART

꿈이 머문 슬픈 인형

인　쇄 / 2014년 1월 10일

지은이 / 허　신
펴낸곳 / 도서출판 다인아트
출판등록 1996년 3월 8일 제87호
인천광역시 남동구 구월3동 1096-10
032. 431. 0268

차 례

즈음하여

이 글은 한가한 마음으로, 제대로 한번 책상 앞에 엎드려 써 내려간 것이 아닌, 그때그때의 메모로 어렵게 만들어진 나름의 열성적 글들의 묶음입니다.

"나"

그는 이 세상 모든 것을 사랑하는 사람
긍정적 안목으로 세상을 밝혀 가고 싶은 사람
세상 사물에 느낌 깊어 눈물이 있는 사람
하나님만이 행했던 그 율행(律行),
원수를 사랑할 줄 아는 사람
순두부같이 말랑말랑한 청순가련함 그 자체인 사람
매끄럽고 향기 나는 인도식 카레 같은 사람
갓 피어난 연꽃잎과도 같은 사람
덮어주고 안아주고 보듬는 담쟁이넝쿨 같은 사람
잘못된 세상을 지극히 올바로 만들고 싶은 사람
살벌하고 각박한 현실을 외면하고 세속에 물들지 않으며
인간 본연의 심성 그대로, 나는 나라고 말하고 싶은 사람
남보다 앞서려 하지 않고 한걸음 뒤에서 관망하고 천천히 기다리고자 하는 사람
번잡스럽거나 약지 않으며 바보라 할 만큼 어수룩하게 살고 싶은 사람

속이 상하면 참을 인자를 세 번 외치며
여름날 아이스크림이 녹듯이 물이 되고 싶은 사람
무던히 참고 기다리고 인내하며 세월을 줍는 사람
세상을 거역치 않고 외길로 천천히 사뿐사뿐 가고 싶은 사람
남을 우러르고 나를 낮추고 싶은 사람
내 부주의가 행여 남의 미간을 찌푸리게 하지 않나 늘 걱정하는 사람
세월을 낚아 온 나이도 있지만 마냥 스무 살 청년 같은 사람
내 자식의 건강과 사랑과 안녕이 염려 되어 늘 안타까워 잠 못 이루는 사람
마음 같아선 매양 늙지 않는 청춘으로 한 백 년 살고 싶지만,
어차피 피할 수 없는 삶의 유한성을 난들 어쩌리.
거울보기가 두려운 사람
원이 남아 세월 짧고 한이 남아 안타까운, 마음의 짐 무거운 사람
초라히 기우는 노을 인생 그러나 행복한 마음으로 나 자신의 무운을 비는 사람
기막히고 억울하고 야속함 어찌 살아생전 잊으랴만
현실에 순응하고 둥글둥글 그렇게 살다가 먼 길 떠나리라 마음 다진 사람
욕심 없는 세상 생각만큼 살아가니 줄 것도 받을 것도 없는 한 점 후회 없는 사람
개성 투성이 젊은 세상 변하고 썩어도 마음 비워 눈 가리니
내 그대로의 옛 마음 현실 도피에 감사하는 사람
모나지 않은 생각으로 세상사는 내 본연의 심성에 지극히 감사 하는 사람
하늘 우러러 이 세상 모두의 평화와 낙원을 간절히 소망하는 사람
이게 바로 나입니다.

이유가 있는 출간보고서

"꿈이 머문 슬픈 인형" 에 대한 의미

4월의 꽃밭에 누워 푸른 하늘을 올려다본다. 비취빛 하늘을 가리며 한 점 흰 구름이 지나간다. 나는 행복하다. 그리고 두 눈을 감는다.

나의 꿈은 가수였다. 어느 날인가, 스포트라이트 조명을 받으며 무대 위에 선 희미한 나의 자화상을 본 것이다.

'그래, 나의 소질을 살리는 거야.'

일말의 내 야무진 결심은 굳어져 갔다. 동네에서 나는 미친놈이었다. 열성적이었던 발성 연습, 목청 틔우기 끝에 마침내 목에서 선혈을 쏟아냈다. 가수로 가는 길의 첫 관문을 통과한 셈이다. 그 후 두곡의 옴니버스 음반을 레코딩 하고 나는 극장 쇼 무대에 기성 스타 가수들과 함께 노래하는 무명가수로서의 삶을 시작하게 된 것이다.

그러나 80년대 이후부터 볼거리 많은 TV가 보편화 되면서 극장 쇼 흥행이 부진해 지자 돈벌이가 안 된다는 이유로 공연 관계자들은 속속 무대를 버리면서 떠났고 무명인데다 줄 없고 돈 없는 나는 졸지에 꿈을 접을 수밖에 없는 패잔병이 되어 버렸다. 내 꿈은 여전히 내 가슴 속에 머물고 있었지만, 나는 어느새 슬픈 인형이 되어 한겨울 들풀처럼 쓰러져 오열했다. '불꽃같은 내 집념과 이상은 여기까지가 끝이란 말인가!

물론 강산이 수 십 번 바뀌고 적잖은 나이를 먹었음에도 불구하고, 음악에 대한 나의 열정의 불꽃은 쉽게 꺼지지 않았다. 그러나 세상과 내 인생살이는 나를 평탄하게 내버려 두지 않았다.

빛깔고운 내 무지개 꿈은 고작 희망사항일 뿐이었고 우여곡절의 삶은 내 마음속에 견딜 수 없는 깊은 상처를 남겼고, 나는 치유될 수 없는 병을 앓고 있는 중증 환자가 되어 버렸다. 그래서 처음에는 용 못된 이무기처럼 모든 것을 포기하고, '될 대로 되라' 식으로 살아보려고도 했다. 그러나 내 마음 속 포기할 수 없는 꿈이 있는 한, 나는 현실의 벽 안에 안주할 수만은 없었다. 물론 혹독한 가난은 나의 영혼을 갉아먹을 정도로 현실 속의 나를 옥죄여 왔지만, 나는 다시금 몸과 마음을 추슬러야만 했다. 그렇지만, 가난한 삶은 기어코 상처뿐인 날 고단한 노동판으로 떠밀어냈다. 현실과 부딪치며 살아야 하는 것이 인생의 진리임을 일찍이 알았던 걸까. 나는 마주치는 모든 일에 잘 적응했고 회의와 고통도 절반으로 줄었다. 그리고 내 앞으로 훌쩍 지나친 세월은 나를 지금 여기까지 몰고 온 것이다. 이변일까.

지금 내 삶의 방식은 '우두커니' 가 되었다. 백발이 된 지금, 지난날의 그 고운 꿈들은 잠식되어 다시 되 돌아올 수는 없는 걸까. 하지만, 죽을 만큼의 고통들은 어쩌자고 다시 또 나를 '미친놈' 으로 만드는 것인지…….

거짓으로 흘린 눈물은 가뭄처럼 말라 버리고 지금 내 가슴속엔 목화솜 눈꽃이 내린다. 점점이 아름아름 다 안아보고 싶은 하얀 꽃 겨울 눈송이여! 아름답다. 이름하여 눈꽃송이니 흰빛과 차가움은 곧 내 마음이어라.

서 문

내 스스로 나를 질타하고 채찍질하는 못돼먹은 기벽의 60대 초로의 이무기. 어찌 하여 나 이 세상에 태어나 인생 저물녘에 회의를 느끼는가. 금이야 옥이야 부모님 날 낳아 키운 그 은공 어이 갚을까 싶어 해내고 이루었어야 했거늘 두 분 눈감고 떠나버린 이 세상 어이 허망치 않으리오.

이승의 이 자식 걱정 끊일 날 없어 지금도 저승에서 부모님의 흐느낌이 들리는 듯 하여 나 멍하니 서서 방향마저 잃어버린 딱한 자식 되었네. 살아 있음에 살았다고 말할 수 있을까. 흔적이나마 남길 것이 있다면 내 삶의 흔적이라 말 할 수 있는 이 추악한 글 하나.

저자의 말

내가 태어나 성장하며 살아온 남쪽나라 같은 아늑한 고향은 이제 도회지가 되어 흔적도 없다. 아쉽고 서러워 눈물이 난다. 오래된 한 장의 흑백사진을 보듯 전설 같은 이야기가 하나 둘 차곡차곡 씌어져 간다.

나는 1949년 8월 19일생 소띠. 종중 항렬로는 충청공파 상우당 9대손 양천 허씨 24대다. 칠남매 중 넷째로 인천토박이다. 농사꾼의 아들로 내 최종학력은 국졸이다. 40여년의 일기쓰기가 글의 발원이자 닥치는 대로 읽은 많은 독서생활과 듣고 배운 세월 속 이상 또한 글쓰기에 한 몫 하지 않았나 싶다.

또 하나 꼽자면 나는 지독한 메모광이다. 이 글속에 기교나 꾸밈은 없다. 사실을 생각으로 옮겼을 뿐이다. 두서없는 왕 초보 글이 부끄럽다. 내용 중 더러 중복되는 오점이 있는 만큼 순수의 의미로 이해해 주는 것은 독자의 몫이다.

1970년대 나는 한때 무명가수로 극장 쇼 무대에서 노래를 했다. 당시 최고의 음반사였던 지구레코드사와 아세아에서 두곡의 음반도 레코딩 한 경력이 있다.

남을 웃기는 코미디 기질 또한 자타 공인하는 바다. 150cm가 겨우 넘는 단신에 50kg이 내 정량 체중이다.

중동 근로자 붐이 한참이던 80년대에 요리사로 중동에 가기 위해 한식요리사 자격증을 땄으나 엉뚱하게도 인천에서 13년 중국음식점을 직접 경영했다. 나는 미식가들의 입맛 돋우는 요리사다 하는 자긍심을 내세우고 말이다.

마음고생 심한 어려웠던 시절이 있었고 산전수전 다분한 인생이 그림처럼 내 앞에 왔다. 농사일에서부터 가구공장, 제재소, 철공소 노동일, 채소장사, 길거리노점, 심지어 강냉이 튀기는 일까지 안 해 본 일 없는 만능 맥가이버로 작은 거인이라고 말할 수 있다.

우리 딸
내 분신의 시
두 송이 꽃
화려함으로 피어나라
붉은 태양
파란 마음
소금이 되고 밀 알 되어
거듭나라
상록수 인생으로
올바른 세상길
조심으로 디뎌 올라
네 인생의 소신을
꿈으로 엮어내라
세상의 새로운 주인
나는 선구자
아름다운 불새
일천(一千)도 활화(活火)에도
살아남을 억척기벽으로
세상을 가슴에 품어
훨훨 날아 세상을 안아라
우리 두 딸

-두 딸을 위한 시

첫머리에 부치는 글

무서리 내려 다른 들꽃 다 피고 져도 늦게까지 홀로 피어 간들거리는 끈질긴 가을의 향기 쑥부쟁이처럼 나 지금 여기 발랄의 시절, 화려함의 꿈이 무진장이었던 그 젊은 날은 무엇에 홀려 다 어디 두고 석양에 해 기울 듯 저무는 노구에 정신마저 혼미해 가건만 무엇에 도취되어 늦은 길에 들었는가.

긴 여름 내 푸르게 피어나 꿋꿋이 여문 질긴 억새는 결국 가을이면 눈부시도록 흰 털복숭이 억새꽃을 피워 내듯, 나는 운명처럼 지금은 보이지 않는 나, 태어나고 자란 내 유년의 고향 땅을 잊을 수가 없다.

행복했던 고향이었다고 말하기는 뭣 하지만 그래도 애잔한 가슴으로 떠올리면 빛깔고운 정감 하나쯤 왜 없으랴. 내 작은 육신을 어른스럽게 키워준 역사 같은 고마움. 그리고 어머니 같은 사랑이 질펀히 밴 땅, 여길 고향이라 하던가. 우리 칠 남매가 아옹다옹 몸 부대끼며 어머님의 사랑으로 커간 곳.

해빙의 이른 봄은 빨리도 오더라. 버들강아지 오들 오들 떨어도 마냥 신나기만 했던 녹아내린 실고랑, 얼음골에 썰매 타던 그 시절 아지랑이 종달새는 하늘높이 날아올라 그렇게 울었는데 그곳을 어찌 잊으랴. 가슴으로 떠올리면 차마 꿈엔들 잊으리오. 그냥 묻어 버리기엔 너무 슬픈 고향, 아……. 행복한 이름.

시작의 동기

누구에게나 태어나 잔뼈가 굵은 고향이 있다. 동백꽃 피는 외딴섬 고향이 있는가 하면 첩첩산중에 집 한 채 드문드문 나무와 바람만이 전부인 전형적 산골 고향도 있고, 아름드리 둥구나무가 세월을 대변한 듯 도도히 서있고 치렁치렁 가지 휘게 열린 감이 초가를 덮고 집집이 빨간 고추가 널려 풍요를 이루고 붉은 벼슬 수탉이 홰를 치는 전형적 시골 고향도 있다.

나는 인천태생. 가좌동 토박이다. 1949년 8월 19일生으로 칠남매 중 넷째다. 성격은 차분하고 감상적이며 생각이 깊다. 남을 배려하고 이해하며 도와주고 싶은 천성적 성격을 지녔으며 남보다는 내가 먼저라는 위선도 없다.

채식위주의 식성에 건강한 편이며 잔병치레 한번 없다. 취미는 글쓰기이며 생각대로 전국의 산천을 돌아보며 글의 뼈대를 찾고 싶지만 먹고 살기 위해서 이러지도 저러지도 못하는 안절부절 애달픔으로 세월만 간다. 문명권에 인접한 변두리 가좌동은 전형적인 냄새가 물씬 나는 농촌은 아니다.

자그마한 야산이 병풍처럼 둘러쳐 있고 바다가 있는 항구도시인 만큼 호롱불 두메는 아니다. 나무도 별로 많지 않고 민둥산에 자그마한 방죽 뜰 비탈 밭 다랭이 논이 전부인 그저 평범한 도시에서 떨어진 변두리 농촌일 뿐이다.

주위의 높은 산하면 제일 가까이 해명재 고개가 있고 서곶을 가려면 넘어야 하는 천마산, 좀 더 시골다운 곳으로 생각되는 곳이라면 연희동 깊이울 작은 동네뿐인 어중간한 변두리 시골이다.

초등학교 시절 사이다 한 병, 찐 계란, 김밥을 싸서 소풍을 가던 깊이울 아름드리 은행나무는 전설에 의하면 벼락을 맞은 나무라던가. 꼭대기 중둥이 꺾인 지금은 지정보호목으로 대접 받고 있을 뿐 소중한 사람들이 소박한 마음으로 살아가는 그런 곳인데, 50고개를 훌쩍 넘긴 변화된 이 고향을 지키면서 살아가는 행복한 노후로 나는 과연 어떤 훈장을 받아야 할까를 생각해 본다.

인천 시민의 다짐

황해 푸르러 멀리 퍼지고
구원한 문학의 정기 퍼지는
여기는 내 고향 인천
우리 모두 바다처럼
넓고 시원한 마음으로
서로 믿고 서로 아끼며
땀 흘려 일하는 시민이 되자

인천 시민의 노래

여명이 아세아에 비칠 때부터 한양 길 굽이굽이 백리를 뚫고
흰 물결 넘어 넘어 사해를 펴서 자라온 인천항구 우리의 고장
한없이 뻗어나갈 길을 위하여 우리는 모아보자 마음도 함께

제1장

[내 고향 가좌동]

정이 넘치고 인정이 흐르는 사람들. 울타리 너머로 시루떡 한 조각 주고받으며 박꽃처럼 순박하고 어리석으리만치 착한 사람들이 이웃하여 살던 곳. 삭풍이 불고 잔설 덮인 들, 훈훈했던 따뜻한 정, 그 정만은 녹일 수가 없었다. 풍족하지 못해 가끔씩 바가지 쌀을 꾸어 허기를 달래면서도 어쩌다 알 수 없는 이방인 찾아 들면 간장 한 종지 고추장 한 숟갈에 날김치 한 사발 윤기 흐르는 앞마당의 풋고추를 뚝 따서 급하게 지은 따뜻한 보리밥 한 그릇을 아끼지 않았다.

늦은 밤 부엉이 울고 개구리 맹꽁이가 밤새 울어대고 찌르레기 여치 울며 반딧불이 도깨비처럼 춤을 추며 멍석 가득 모여 앉아 옛이야기 덕담으로 새벽 별을 보던 그림 같은 고향이었다. 지금도 눈에 선명히 보이는 고향의 영상. 그러나 이웃도 정다운 얼굴도 지금은 없다. 보고 싶은 그리움만이 가득할 뿐…….

모두가 보고 싶은 얼굴들. 어느 곳에서 무엇들을 하고 살까…….

시대 변천에 밀려 정든 집을 헐고, 자식처럼 일구며 돌보던 텃밭을 버리고 살기 위해 떠났지만은 아마 옛 정은 지금도 그들에게 남아있을 것이다. 그리고 그들은 이렇게 말할 것이다. "그때가 좋았어. 고향이 좋았다고. 삽살개 싸리문에 매어두고 호미 들고 풀 매러 갈 때가 좋았다고 젠장."

고향의 기억은 몇날며칠 밤을 새워 기억해도 아름답기만 하다. 그러나 어찌해야 하는가? 한 폭의 그림이요, 수채화 같았던 고향의 모습은 이젠 정말 없다.

투박한 토담 초가 대신 고개 들어 올려다봐야 하는 하늘을 찌를 듯한 아파트, 굉음을 내며 나무를 썰어대는 제재소 일개미처럼 분주히 기어 다니는 자동차의 행렬, 제멋대로 지방에서 이주해와 군락을 이루어 사는 모산지패, 보기만 해도 구역질이 날만큼 인간이하의 잡초들, 제 것에 치를 떨고 제 것 남 줄줄 모르는 이기주의자들이 지금 고향땅을 독차지 하고 산다.

그들도 고향을 버리고 온 사람들이긴 하지만, 그리고 못나고 바보스러워 남들처럼 고향을 등지지 못한 이유도 되지만 일찍이 동행인이 되어 고향 떠나리라는 생각은 해본일 조차 기억에 없다. 그래서 나만이라도 수문장이 되어, 변해버린 고향을 지키리라 다짐한다. 나

몰라라 하고 나마저 훌쩍 떠나버린다면 누가 고향의 아름다운 추억을 이야기 해줄 수 있을 것인가. 누가 고향을 지켜줄까.

우리 집은 여름엔 시원하고 겨울엔 따뜻한 뗏장과 흙이 어우러져 지어진 토담집이었다. 나지막하고 울퉁불퉁 못난 모가처럼 볼품은 없었지만, 열 두 칸 안방과 마루, 건넌방, 겨울 말꾼이 다 모여도 넉넉히 남을 만치 여유 있는 공간 벽이 넘어가다시피 삐딱한 사랑채, 옹색한 집 정짓간을 서너 개 합친 커다란 부엌, 큰솥 작은 솥 가마솥이 걸린 두 개의 큰 아궁이, 양솥이 걸려있는 위로 부엌에 불을 밝힐 수 있는 등잔불 작은 유리문이 있었다.

부엌 벽은 온통 그을음에 검정색이었고 빗자루 질에 부엌 흙바닥은 쓸리고 또 쓸려 붉어진 계란처럼 울퉁불퉁 가관이었고 조금은 큰 봉당과 소죽통이 걸려 있는 외양간 그 옆으로는 넓은 헛청이 있었는데 나중에 방을 만들어 세를 주기도 했다. 건너 방은 본래 나 혼자만의 독방이었고 사랑채엔 아버지와 가끔 이웃노인 두 분이 주무시기도 했다.

사랑채 아궁이는 크기도 컸지만 왕겨가 한가마니나 얼른 들어가는 하마 입 같은 멍청 아궁이었다. 은근히 연기로 타들어 가는 왕겨는 새벽녘까지 구들을 달궜다.

부엌문 없는 부엌을 지나 뒤란으로 뒷문을 열고 들어가면 방 세 개가 있는 일자집을 지어 세 준 하꼬방 그리고 장독대 수수깡 울타리 옆으로 앵두나무와 대추나무 개삼나무 그리고 참죽나무가 있었다.

옆으로 비켜진 자투리땅엔 상추나 부추 몇 뿌리의 파가 심어져 있었다. 하꼬방 뒤로 울타리 하나는 권현 네와 맞닿은 경계선이나 다름없었고 옥례 네 집은 우리 집 대문 앞 옆 마당 끝에 있어 엎드리면 코 닿을 데에 위치, 그야말로 숨소리도 들릴 듯한 거리에 있었다.

우리 집, 권현 네, 옥례 네 모두가 초가집이었고 뒤란채만 루핑을 씌운 현대식이었다. 빗방울이라도 떨어지면 후두둑 후두둑 신경질이 날 정도로 시끄러웠다.

예사 비야 상관없지만 장대 같은 장시간의 비라도 내리면 못 구멍이 나있어 틈새로 물이 새 양동이나 깡통을 받치기도 하지만 사는 이들은 불평 한마디 없이 감사하게 잘도 살아줬다.

천 오백여 보 거리에 인접한 바다와 갈대밭, 밀물과 썰물 조금 사리, 내가 아는 물의 이름인데 만조 사리 땐 물이 너무 많이 밀려와 둑을 넘어 잘 길러온 벼를 망치기도 했다.

바람 한 점 없는 잔잔함이 있을 때면 온통 하얀 바다 저 멀리 괭이불이 조각배 하나가 어른거리면 그것은 곧 그림이요 작품이었다. 바다가 조용히 순해 터질 때 보리에 줄 똥을 실은 똥배도 가끔 들어온다.

잔잔한 저 물위에 뒹굴고 싶고 두 손 놓고 재주 부리며 자전거도 타고 싶었다. 우리들은 여럿이 가끔 만조 때 특히 파도가 치는 날이면 일부러 바닷가를 서성거렸다. 바람 불고 성난 파도가 일 때면 별의 별것이 다 둥실둥실 떠와 그것 줍는 재미로 말이다.

"야, 저건 내꺼야."

미리보고 소리치면 으레 먼저 본 그 애 것이거니 하여 다툼이나 오해 따윈 없었다.

'아, 저 푸른 바다를 한 아름 내 가슴에 담을 수만 있다면…….'

나는 늘 감상에 젖었고 자연의 위대함을 그때그때 마다 실감하며 남다른 생각을 키워보기도 했다.

마당 끝에 내가 심어 놓은 수양버들은 해가 갈수록 몸통은 굵어졌고 키 또한 하늘을 찌를 듯 커갔다. 넓은 마당을 뒤덮은 그늘 밑엔 언제나 누런 황소가 매어져 쉬었고 기분 좋은 황소는 삐딱이 누워 우걱우걱 되새김질을 하며 눈을 지그시 감고 한가로움을 만끽했다. 이 소는 늘 내가 부리고 거두는 나만의 소유물이자 유일한 친구였다. 그러면서도 어쩌다 황소고집을 나에게 부리면 나는 인정사정 두지 않고 후려 팼다. 그래서 늘 내말에 순종하는 착한 황소로 길들여져 있었다. 저를 부리는 주인인 내가 소에게 얕보이면 씩씩거리고 들이 받으려는 소 특유의 모질음이 있기 때문에 아예 주눅을 들여 순종하게 길들여야 부릴 수가 있기 때문이다.

마당아래 퇴비 더미에선 풀 썩는 냄새가 연기처럼 피어오른다. 노래기와 굼벵이가 득실거렸다. 거름 더미 바로 옆엔 커다란 고염 나무가 서 있었다. 주위가 걸어서인지 보기에도 걸음발이 있어 나무 자체가 건강했고 밤톨만한 고염이 다닥다닥 열려 가지는 늘어져 있었다.

나는 고염나무 주위에 구덩이를 파고 외양간 옆 소 오줌 구덩이에서 소 오줌을 퍼 다가 물을 주듯 퍼부어 주었다. 그 이듬해에 아버지께서 종자 좋은 감나무 한 가지를 꺾어 오셔서 톱으로 고염나무를 베어버리시고, 날이 시퍼런 도끼로 나무그루 턱 한가운데를 팍 찍어 틈

새를 낸 다음 감나무 끝을 날카롭게 자른 후 그 틈새에 끼워 넣으셨다. 일명 감나무 접목이었다.

접목 3년이 되던 해 감꽃이 피더니 주먹만 한 감이 많이도 매달렸다. 모양새 좋은 대접감이었다.

여름은 늘 풍성했다. 유난히도 나는 서민의 자식이었던가. 그저 풀, 야채만 좋아하는 채식주의자였다. 그 시절 시골 사람들의 식탁이란 다 그렇고 그런 채식위주의 식탁이었지만 더러 밥술이나 먹는다는 부자 집은 조금 달랐다.

닭이 귀하다보니 계란이 귀하던 그때도 부자 집 애들은 찐 계란을 가지고 다니며 으스대고 우리들을 부럽게 했고 “먹고 싶지? 먹고 싶지? 약 오르지? 약 오르지?” 하면서 놀려대던 어린 날이 잊혀지지 않는다.

나는 늘 부지런했고 근면했으니 동네에서 칭찬이 자자했다. 지금도 나는 키가 작아 늘 징크스 속에 주눅이 들다시피 자책으로 살지만, 키 작은 나는 똥지게를 지면 똥통이 땅에 닿을락 말락 아슬아슬했지만, 어느 친구들 보다 힘이 셌고 똥지게 지는 기술이 늘어 야무지게 지고 뛰다시피 실수 없이 잘도 했다. 냄새에 얼굴 찡그림도 없이 지게질도 귀신이었다.

나무 단을 지든 보리 단을 지든 작은 내가 보이지 않을 정도로 미련스럽게 작은 산 하나를 지고 다닐 만큼 억척을 부렸다. 성장기 때 먹는 것 부실하고 무거운 짐 많이 지고해서 내 성장이 지금 이대로 멈추지 않았나 싶고 몸 작은 어머니의 유전 탓인가 반신반의 생각도

든다.

발목도 수없이 접질려 대굴대굴 구를 정도로 아팠어도 쉴 줄을 몰랐다. 말 그대로 미련한 충성둥이 미련 뚝배기였고 침 한방 맞을 줄도 몰랐다.

바다처럼 넓은 보리밭 마당 아래 밭 2천 평짜리 누런 보리를 베어 깔아 놓으면 마치 잔치 집 마당에 멍석을 깔아 놓은 듯 장관이었다. 건드리면 부서질 듯 잘 말려진 보리. 짓궂게 비라도 올 즈음이면 밤새 묶고 져 날라 가리를 마무리 짓고 나면 먼동이 텄다. 이 씨 가문의 종답으로 해마다 가을이면 시제를 지내주고 이 씨 조상의 묘를 돌봐주는 소위 해골지기로 대농이었으니 늘 나는 고달팠다.

제2장

[마법의 대지]

밍크처럼 푹신한 잔디에 누워 푸르디푸른 창공을 본다.
두둥실 흰 구름 너는 흘러 어디로 가느냐.
지지배배 종달새 하늘 높이 날아오른다.

고향이 아니면 감히 맛 볼 수 없는 자연의 부산물들 모두가 살아 숨 쉰다. 들풀은 저마다 울긋불긋 자태를 자랑하듯 요염하게 하늘거리고 갓 터뜨린 꽃망울에 호랑나비 한 마리가 꿀을 찾는다. 너울너울 그늘진 콩밭이랑 사이에 벌레를 찾는 이름 모를 새들의 푸드득거림. 보기 좋게 한자나 되게 웃자란 벼 포기 사이 새끼 치는 뜸부기의 뜸뜸 모성애.

아이들은 뜰 물에 흙투성이 되어 얼개미로 새우를 건진다. 변덕스런 날씨가 갑자기 천둥번개를 치며 소나기를 퍼부어 대도 아이들은 그 비를 다 맞고 물에 빠진 생쥐 꼴로 입술은 파랗게 질려도 신명이 난다. 6월의 녹음이 절정에 이른 6월 동산은 요란한 새들의 노래로 소란스럽고 새끼를 기르려는 짝 지은 어미 새는 부지런히 검불을 물어 나른다. 미물인 저것들도 종족 보존을 위한 최선으로 자신을 희생하는구나 생각하니 새삼 삶의 의미를 생각하게 한다.

무덤가 할미꽃이 부스럼처럼 예서제서 징그럽게 돋아날 즈음이면 개나리 진달래도 한껏 만개를 준비하려는 듯 방울져 탐스럽다. 녀석들은 삼삼오오 짝패 되어 쭉 곧은 양싸리 나무를 꺾어 개구리 사냥이 준비되어 있고 회초리에 사지를 떨며 쭉 뻗은 개구리는 이내 다리가 쑥 뽑혀 즉석구이가 된다. 쫄깃쫄깃하고 짭짭한 개구리 다리 고기는 둘이 먹다가 하나가 죽어도 모를 만큼 왜 그리 맛이 있었던지 토끼몰이를 하듯 죽 늘어서 앞으로 나가며 싸릿대를 휘저으면 살찐 개구리가 놀라 여기저기서 이리 뛰고 저리 뛴다. 아이들은 튀는 개구리를 쫓아 질서 없이 흩어져 개구리를 향해 무자비하게 싸릿대를 내리친다. 기다란 철사꿰미에 개구리가 다 차면 닭이나 돼지에게 갖다 준다.

아이들은 서로 자랑이나 하듯 개구리 꿰미를 대보며 내가 더 많이 잡았다 뻐기며 빙빙 휘두르고 난리였다. 흩어진 삭쟁이 주워 모아 솔가래 쏘시개로 불을 지핀다. 개구리 다리는 어린 시절 우리들의 들판 간식거리였고 만찬이었다.

아이들은 귀신처럼 새둥지를 찾아 새알을 꺼내 깨먹는다. 새알을

많이 먹으면 주근깨가 많이 생긴다고 놀려대기도 한다. 갈잎에 싸서 구워먹기도 하고 아는 척 잘하는 나는

"야, 새알 많이 먹으면 깨 박사 돼. 우리 엄마가 그랬다."

자연의 소중함을 그때 알았더라면 개구리도 새알도 건드리지 않았을 텐데. 유별나게 주근깨가 많던 명화가 방구를 뿡 끼며

"난 뭐 본래 깨 박사니까 먹어도 돼."

"꽈나야, 꽈나."

하며

"주근깨 나기 싫으면 나줘."

하며 종안이의 손에 새알을 채뜨려 홀랑 마셔버린다.

즐거운 우리들의 하루하루가 가면서 어느덧 팔월의 찜통을 맞는다. 집 앞에 펼쳐진 넓은 바다가 우리들을 부른다. 산 밑 잔디밭에 아무렇게나 훌훌 옷을 벗어 던지고 벌거숭이가 되어 바다로 뛴다. 수영 못하는 권현이는 얕은 물에서 엎드려 첨벙거리며 물장구만 친다.

이러는 권현이의 모습을 우리들은 못 볼 것이라도 본 듯 깔깔대며 무안을 준다. 권현이는 겁이 많아 깊은 물에 들어가는 걸 기피하는 조심성이 많았다.

"야, 송고로리. 이리와 괜찮아. 에이, 병신새끼!"

하며 야유했다. 우리들은 저마다 별명이 하나씩 있었다. 키 큰 명화는 방구쟁이 방구벌레, 나는 땅꼬마에 털보, 권현이는 어설프다 해서 송고로리, 종건이는 제 엄마가 양색시라서 그냥 양갈보 아들이라고 불렀다. 지나친 모욕의 말이라는 것도 모르고 그렇게 불렀고 종건

이도 별로 화내는 일도 없으니 말 그대로 철부지 시절이었던 것이다. 종식이형 동생 종안이는 별명이 없다. 왜냐하면 그놈은 애가 차가와 우리들과 별로 어울리지 않았기 때문이다. 지금 시대어로 말한다면 종안이는 왕따였던 셈이다.

놀러갈 때도 아예 부르지도 않았고 명화와 종안인 아래윗집이었어도 사이는 제로였다. 그저 만나면 아는 척 할까 말까 서먹서먹한 그런 사이. 능안 고개 너머 도임이 동생 영복이는 우리 보다 몇 살 아래인데 그 애는 우리와 한통속이었다. 영복이는 외아들로 위로 돌분이 누나와 도임이가 있다.

외아들이라 귀여움에 그런지 이놈은 늘 먹을 걸 입에 달고 다녔고 남 줄줄 모르는 염치없는 놈이기도 했다. 우리들은 그 애 입만 쳐다본다. 약삭빠른 명화가

"야! 이 새끼야. 너만 처 먹냐? 이 씨팔 새끼야!"

키 큰 명화가 째진 눈을 부라리면 얼어버린 영복이는 움찔하면서

"야……."

하면서 명화에게 얼른 먹던 걸 준다. 그러면 의리 있는 명화는 그걸 우리들에게 조금씩 공평하게 떼어서 나눠 준다. 명화는 늘 우리들의 우상이자 대장이었다. 잠잘 때 말고는 늘 붙어 있었으니까 정이 들 대로 들은 우리들의 대장이었다. 그리고 개떡이나 옥수수 같은 먹을 것이 있으면 가지고 와서 우리들에게 나눠 주는 인정 있는 형 같은 친구였다.

방구벌레, 말 그대로 명화는 진짜 하루 종일 방구를 끼는 친구였다.

어쩌면 그리 종일 방구가 쏟아져 나오는지, 방구도 뽕 방구가 아닌 불불불 줄 방구였다. 애들과 같이 있으면서 세어본 방구수가 일흔네 방이나 됐다. 방구 수만큼이나 원인도 많았다. 살림이 엄청 어려웠던 명화는 쌀 알갱이 하나 없는 맨 꽁보리밥이 전부였고 땅 한 떼기 없는 순전히 명화 형 기화가 근근이 벌고 갯벌에서 게나 잡아다 팔고 해서 연명하는 처지이고 보니, 먹는 게 순전히 방구 원료만 먹었던가 보다. 보리밥에 감자는 방구의 주원료나 다름없는 것이었다. 너나 할 것 없이 다 어려웠던 시절이었건만 특히 명화 네는 더했다. 초라하게 대문 삐딱한 바닷가 갈대밭 옆 명화네 집 모습이 눈에 선하다.

명화네 집에 가서 밥상을 보면 깡 보리밥에 반찬이라고는 방게를 간장에 절인 것과 갯바닥에서 나는 바다 채송화라 불리는 재 나물을 삶아 무친 게 전부였다. 먹는 게 부실했으면서도 그늘 속 풀처럼 웃자란, 키 큰 명화가 신기했다.

명화에 대한 지울 수 없는 또 하나의 기억이 있다. 명화는 늘 책가방이 아닌 보자기에 책을 꾸려 가지고 도시락과 함께 묶어서 허리에 차거나 어깨에 메는 버릇 때문에 도시락에서 샌 신 김칫국물이 늘 책보를 붉게 물들이고 책이 김칫국에 젖어 있었다. 얼룩진 보자기는 잘 빨지도 않았다.

명화는 부지런하기도 했다. 제 형인 기화 형이 노동일을 나가려니까 새벽밥을 먹어야 했기에 아마도 같이 겸상해서 먹고 오는지 늘 내가 밥을 먹으면 벌써 와서 날 기다리고 있었다. 일 년 열두 달 거르는 일없이 늘상 와서 기다리다 같이 학교에 가곤했다. 종안이는 학교를 가도 언제나 혼자 다녔다.

권현이와 나, 명화, 영복이, 이렇게 넷이서 논둑 밭둑을 거쳐 신작로에 들어서면 늘 만나다시피 하는 염전 사택에 사는 정태나 악고개 교환이도 만나 함께 가기도 했다.

공부가 끝나고 집에 올 때도 우리들은 웬만하면 같이 어울려 오면서 포도밭 울타리에 무지하게 열린 까마중을 따먹고 무밭에서 무를 뽑아 허기를 달래기도 했다. 넝쿨째 잡아당겨 뽑힌 고구마는 냇물에 담가 놓고 돌멩이로 북북 껍질을 벗겨 하얗게 까먹었다.

학교를 오가려면 냇가를 몇 개 건너야 했기에 늘 발이 젖어 있었다. 센 물살에 이리 패이고 저리 패인 구렁진 냇둑에서는 서너 가지 들국이 피어 간들거리고 패랭이나 달맞이꽃도 허기진 우리들을 반겼다.

집에 얼른 오기보다는 중도에 지체하는 시간이 더 많았다. 질경이 뿌리나 갯냉이 뿌리가 우리들을 잡아놓고 보내주질 않았던 것이다. 일단 허기를 면한 우리들은 지천으로 피어 있는 여러 가지 꽃들을 꺾어 모아 한 다발을 만들어 가지고 돌아오곤 했다.

바닷가 그리고 나지막한 산자락 잔디밭 발가벗은 황토 산 앙파득히 자란 소나무 숲. 그 어디든 모두가 우리들의 소중한 놀이터였고 공원이었다.

잔병치레 없이 늘 건강하고 재미만이 가득했던 우리 친구들. 즐거움만을 우리들에게 가득 주었던 자연의 무대. 어느 것 하나 정들지 않은 것 없는 고향 가좌동.

제3장

[초록빛 바다]

하얀 물거품의 초록빛 바다.
간만의 차이에 따라 조석으로 보고 느끼는 앞바다의 풍경.
그 안에 저만치 영종도가 있고
파란 청 사과를 반으로 갈라놓은 듯한 형상의 작은 섬 하나 작약도.
외로워 보이는 하얀색 등대. 그 앞에 줄지어 늘어선 몇 척의 화물선.

우리들은 거대한 상선을 군함이라 불렀다. 끼룩거리며 군함의 주위를 맴도는 갈매기 떼와 상선의 조화는 연분 같은 잘 어울리는 하나의 그림이었다. 뛰어서 간다면 10분 거리도 안 되는 지척이었건만 부득이 갈일 없어 늘 가까이서 바라만 봤던 작약도. 더 가까이 있는 솔염산은 대형 아파트 서너 동을 포개놓은 덩치의 민둥섬이자 우리들의 단골 놀이터였다.

붉은 황토 흙과 나무 몇 그루 그리고 바위뿐이다. 비릿한 짠 내음과 바람에 치우 친 비리비리한 오리나무 몇 그루, 아카시아 그 외 잡목이 듬성듬성 서 있고 모퉁이를 돌면 산딸기가 군락을 이루어 자생했다. 등성이에 오르면 눈 찌그러지는 싱아와 도라지나 기러기가 드문드문 나 있고 특유의 노란 원추리가 피어 자태를 흔들고 있었다. 진남색 도라지꽃 백도라지 기러기 꽃이 화합을 이루어 보잘 것 없는 자연의 장관을 보여주기도 했다.

더러더러 풀 한포기 나지 않은 황토 바닥에는 6.25 전쟁의 흔적인 '댕구알' 파편이 여기저기 눈에 띈다. 사변당시 미국의 맥아더 장군이 인천에 상륙하면서 월미도를 비롯해 섬마다 집중포격을 가해 산마다 불더미가 되어 버렸다는 아버지 어머니의 숨은 이야기를 들었다. 우리 집 뒷산에서도 포탄 파편을 자주 볼 수 있었고 나는 그것을 주워 모아 엿장수와 엿을 바꿔 먹기도 했다. 크기를 부풀려 뻥튀긴 말이겠지만 집채만 한 댕구알이 꽝하고 덜어지면 금방 커다란 웅덩이가 하나씩 파지곤 하더라고 하셨다.

우리들은 신이 났다. 발가벗은 채 두 번씩 큰 고랑을 헤엄쳐 건너 솔염산에 간다. 솔염산 초입에는 제법 밀려온 모래가 발을 묻었고 모래 위에 그림을 그리며 발자국 없는 모래를 보고

"야! 우리가 개시로 왔어. 발자국 하나 없잖아."

빼곡히 자란 싱아를 꺾어 씹으면서 우리들은 잠시 소가 되어 보기도 한다. 싱아 밭 옆엔 기어서 들어갈 만한 오두막이 하나있고 노인 내외가 몇 평 남짓 밭을 일궈 채소 나부랭이를 가꾸고 있었다. 무슨 청승으로 무인도 같은 그곳에서 사는지 모를 일이었다. 가끔 물이 빠지고 나면 흰 고무신을 양손에 들고 바짓가랑이를 높이 올려 접고 개흙 바닥을 걸어 나오는 모습도 종종 보았다.

우리들은 그 두 노인 내외가 괜히 무서워 그 집 가까이 가질 못했다. 다 썩은 볏 집 지붕위엔 배 갈라진 망둥이가 널어져 있고 찢어진 그물도 헛간에 걸려 있고 고기망태 길 다란 잔가지 오리나무 회초리 낚시가 세워져 어설픈 어부의 모습도 보였다. 파도에 밀려온 썩어 부서진 파산 배의 잔해가 땔감으로 말려지고 기름 묻은 녹부 동아줄이 너절히 널려 있었다.

상추나 부추가 심어진 텃밭 바로 옆 돌로 쌓은 우물이 하나 있었다. 오염된 물 같기도 하건만 두 노파는 그걸 식수로 쓰는 모양이었다. 섬에 있는 물이라 그런지 물맛이 찝찔했다. 소금물 같다고나 할까. 우리들은 한 모금 입에 넣은 물을 '왝' 하고 뱉으며

"아이, 짜!"

오만상을 찡그리기도 했다.

제멋대로 파도에 씻기고 떨어져 나간 칼날 같은 바위 틈새나 바닥으로 돌게 새끼들이 우물거렸다. 그러나 게 따위가 우리들의 시선을 잡지는 못했다. 늘 보고 접하는 일이라서 흥미의 대상이 아니었다. 다만 알을 가득 베어 단 채 기어가는 알밴 게들은 잡아, 배딱지를 뜯

어내고 노란 알만 날름 빼먹고 재수 없는 게만 죽였다. 벌거벗은 채 우리들은 오리나무 그늘에 일렬로 누워 뱃가죽을 두드리며 장구 치는 흉내로 낄낄거렸다.

왜정 때 일본광부가 금을 캐던 곳이 하나 있었다. 어른들 말로는 커다란 두 귀가 달린 용이 산다고 했고 거기가면 큰일 난다고 지레 겁을 주고 을레빵을 놓은 터라 우리들은 서로 정말 그런가 보다 하는 생각으로 늘 오는 곳이면서도 이곳만 오면 무서움부터 생겨 굴 가까이 못가고 멀찌감치 서서 돌멩이나 몇 개씩 집어 던지는 것이 전부였다. 지금 생각하니 그것은 굴속에 물은 차있고 위험하니 아예 근처에도 못 가게 하려는 어른들의 지혜였다.

물장구 아우성으로 얼마를 놀다보면 배도 고프고 물도 먹고 싶었다. 우리들은 파편 쇠꼬챙이를 주워 흙을 후비며 도라지나 기러기 뿌리를 캐어 날로 씹었다. 쌉싸름했지만 허기져 있던 우리들에겐 보양식이자 임시 요깃거리였다.

정수리를 내리 쬐던 태양이 조금 기우는 서너 시 경이 되니 썰물 때가 되어 솔솔 바람이 인다. 바닷물이 밀려온다는 신호다. 우리들 중에 누군가

"야! 빨리 가자. 물들어 온다."

약속이나 한 듯 한마디에 모두들 뛰다시피 솔염산을 빠져 나온다. 큰 고랑에 이르러 저만치 내다보면 벌써 허연 물이 주욱 갯골을 타고

밀려오는 것이 보인다. 물은 순식간에 넓은 갯바닥을 집어 삼키고 여유와 도도함을 보인다.

우리들은 히히덕거리며 갈 땅 밭 옆 논 웅덩이 민물에 개흙 투성이의 몸을 닦는다. 물 묻은 몸에 옷을 입고 집에 이르면 혼이 나기 일쑤고 굴뚝에서는 저녁 짓는 연기가 피어오른다. 집에 들어서자마자 시장기가 더해 저녁밥을 기다릴 새 없이 날고구마라도 씹어 먹어야 했다.

갯가에 사는 우리들의 어린 여름날은 늘 이렇게 즐거웠고 행복했다.

파랗고 싱싱하던 갈대가 누렇게 변색 되어가는 초가을 어느 날, 솔염산에 살던 할머니가 세상을 떴다는 소문이 나돌았다. 외딴섬에서 비둘기처럼 의지하며 살아가던 할아버지는 짝 잃은 홀로새가 되어 그 슬픔과 외로움이 파도보다 바람보다 더했던지 병이 되어 시름시름 앓던 중 자식들이 모셔갔다는 뒷이야기는 그 이듬해 7월쯤 들려왔다.

제4장

[꿈이 아니었으면]

나 혼자 길을 떠나고 싶다. 둘이 아닌 혼자서도 고독하지 않은 고향 길을 말이다. 풀 한포기 돌멩이 하나도 예사롭지 않은 길을 걷고 싶다. 걷고 또 걷다 다리 쉬어 길섶에 질경이 한포기 들여다보며 마차 바퀴 자국마다 쇠똥 떨어진 울퉁불퉁 황토 길을 걸으며 환희를 느끼고 싶다.

뉘엿뉘엿 똬리 틀고 넘어가는 해질녘 지붕 넘어 굴뚝에 밥 짓는 연기 그윽하고 밤 이슥한 모깃불 부채질에 별똥 떨어지는 낙천의 밤 풍경. 슬픈 연가를 노래하는 여치와 찌르레기, 외양간에 쇠금질 하는 쇠목의 종소리, 멀리서 헛개 짖는 소리와 고단함을 뒤로 하고 뚝딱이는 늦은 밤 정이담긴 다듬이 소리, 쭉 깔아 놓은 멍석위에 고양이 넙

죽 안아 잡은 쥐 골리는 곡예를 보며 보름달 휘영청 달빛아래 옛날이야기로 밤이슬 맞고 출출한 한식경 늦은 술 탁배기로 취기 오른 거나한 밤. 어랑 타령 아리랑을 창하며 별빛지기 새벽녘까지 날 새어 봤으면 하는 마음. 화다닥 홰를 치며 잠 깨우는 첫닭울음. 수수깡 울타리에 떼거지로 재재거리는 참새 등쌀에 잠이 깨어 느른한 몸 기지개로 안 떠지는 눈을 부비며 누렁이 앞세워 이슬 풀 헤치고 개울 건너 또랑 물에 세수하고 얼룩이 황소 이른 밭갈이 코끝 시원한 상큼한 그런 고향의 아침이면 좋겠다.

삼복 여름날 참외와 수박을 새끼줄로 묶어 찬 우물에 담가두고 텃밭에 상추 뜯고 고추 따서 벌건 고추장 듬뿍 찍어 한 숟갈 보리밥에 양 볼이 터질 듯 먹어 대고 문지방 베고 코 골며 즐기는 낮잠의 맛, 새참으로 쪄 내온 옥수수와 감자 강낭콩 섞어 만든 어머니 손자국 난 목구멍 깔깔한 못생긴 보리개떡, 살찐 방아깨비를 잡아 소 죽 쑤는 불에 구워 먹고 마차길 가득 꽃으로 장식된 예쁜 상여

"아이고, 어허이."

누런 상복에 대나무 지팡이 그리고 슬픈 곡소리 선두에 뒷걸음질 치며 딸랑딸랑 종 흔들고 마지막 가는 원혼을 달래던 종 잡이 아저씨, 들녘 논두렁 샛밥은 왜 그리 맛이 있던가. 누런 암탉 둥지 속에 알을 품고 양지에 게눈 뜨고 꾸벅꾸벅 졸고 있는 고양이, 턱밑에 수염달린 얌생이 담배 먹는 염소.

"아주 공갈 염소 똥 1원에 열두 개." 유행가처럼 불렀던 어렸을 적 염소 똥 노래, 빈대 콩 여물어 알알이 영글면 콩잎모아 모닥불에 콩

튀기를 해먹고 입은 온통 검댕이로 서로 보고 깔깔 웃고 실컷 주워 먹고 버릇처럼 오줌을 갈겨댔던 짓궂은 어린 시절.

"위잉위잉" 탈곡소리 새벽부터 벼를 털고 사랑채에 커다란 짚으로 엮어 둘러친 고구마 통가리. 아버지는 늦은 자정까지 새끼 꼬시고 등잔불 가물가물 첫닭이 운다. 추녀 끝 고드름 주렁주렁 산토끼 몰고 청솔가지 찍어다가 사랑채 군불 때고 아궁이에 묻어 구워 먹는 고구마의 맛. 초가지붕 초스락에 손전등 비추어 참새 잡는 즐거운 밤. 눈 덮인 마당에 맷방석 받쳐 놓고 쌀을 뿌려 유혹하고 문구멍 뚫어 내다보며 긴장하던 그 겨울날. 어느 것 하나 눈에 선 것 없는 고향의 일상들.

예전엔 있었던 사실 그대로의 고향이 이젠 없다. 살맛나지 않는 세상, 모름지기 고향의 희망을 앗아간 세상을 원망하고 싶다. 청산에 비할 수 없도록 탁하고 시끄러운 도시의 별곡. 시간과 계절이 구별 없이 왜 그리도 바빠야 하는지 나른하고 지친 하루를 술로 풀고 산다는 바보 같은 얼간이들. 왜 고향을 등지고 여기에 모여 고단함을 자초하는지. 빌어먹을 놈의 도덕과 윤리는 다 어디로 가고 이기와 모략이 판을 치는 경악의 고향땅, 인정과 사랑 나눔이 넘실대던 옛 고향은 어디로 갔단 말인가.

모산지패, 모여드는 나의 고향.

나마저 싫어 떠난다면 누가 나를 대신하랴. 고향 지킴이 일편단심 못 박아 나 오래 이곳에 둥지를 틀련다.

제5장

[타향 같은 고향]

잠 못 이루고 뒤척이던 밤. 수많은 잡념이 나를 괴롭히더니 첫닭이라도 울 시각에 잠이 들어 꿈을 꾼다. 능안고개 큰 고랑에서 안개가 자욱하던 날 밤, 도깨비와 씨름하다가 져서 석 달 며칠을 앓고 누워 심상치 않음에 무당을 데려다 굿을 하고 작은 키에 머리가 벗겨져 번들바위라고 내 아버지가 붙여준 별명의 차순이 아버지 양인환 씨.

돌팔이지만 동네 사람들의 아픈 곳을 임시 해결해 주던 눙깔망댕이의 별명만큼이나 눈이 커 별호가 붙여진 의사 수철이 아버지 신양현 씨도 보았다. 차순이 아버지는 도깨비와 씨름 후 시름시름 앓다가 황천 간 사람이고 수철이 아버지 역시 오토바이 교통사고로 사망한, 이미 저승의 귀신들이다. 모두 늙어 꼬부라진 모습에 몰골이 말이 아니다. 그럴 것이 그들은 망령이니 일곱 시에 맞춰 놓은 사발시계소리에 그나마 꿈은 깨어지고 꿈속에 누굴 만나던 무슨 상관이랴. 귀신도 좋고 헛개비도 좋으니 고향 사람들을 만나 볼 수만 있다면……. 꿈은 길고 애절했다. 눈물이 나고 반가웠다. 어느 것 하나 변하지 않은 옛 고향 그 모습 그대로 검은 바다를 하얀 물로 뒤덮은 나룻터, 나룻배 삯 받으며 툴툴대고 멋대가리 없던 백대가리 눈찌그랭이 강봉한이, 늘 술에 젖어 얼굴이 붉은, 깔보는 듯한 눈초리의 얼굴 빨갱이 염창제씨가 열심히 삐그덕 거리며 노를 젓는다. 붉은 해가 서산에 걸리며 가물가물 멀어져 가는 뱃 턱의 돌계단이 노을이 깔린 물살에 일렁인다.

고향을 떠나 객지에 온 사람들이라면 모두 나처럼 이렇게 애석한 마음으로 고향을 그리워하며 애끓는 한탄을 하고 있을까. 낯선 사람들로 고향 분들의 얼굴을 대신하며 이제는 영영이라는 긴 이별에 가슴이 저려온다.

모진 인정 타향살이 철 대문 걸어 닫고 떡 한 조각 말 한마디 나눔없이 네 것 내 것 편 가르고 너는 너, 나는 나, 이기적 현실. 늘 녹지 않는 설한의 가슴들이 숨 쉬는 차가운 고향. 꽃가마 봄은 여지없이 오건만 옛 봄은 아니어라. 바람마저도 그 봄의 바람이 아니어라. 온통 타향살이 하는 것처럼 기분이 슬퍼짐은 웬 말이냐. 홀로 외톨이 되어 여길 못 떠나고 백골이 진토 되어 넋이라도 이 몰골 얼룩진 고향을 지킬 것이다.

가을에 떠난 제비는 이듬해 3월이면 약속이나 한 듯 돌아오고 천리만리 긴 여로에 지친 철새도 이맘때면 다시 오건만 고향을 떠난 사람들은 왜 아니 올까. 하나밖에 모르는 날짐승보다 더 둔하고 무력한 것이 우리 고향 사람들이란 말인가. 모두 다 관심 없는 사람으로 변심했단 말인가.

그렇다면, 오, 좋소이다. 나 혼자만이라도 예 남겠소. 오지 않아도 좋소. 보지 못하더라도 잘들만 사시오. 다만 흙으로 돌아가는 날까지 정일랑은 잊지 마오. 고향 사람들이여 귀담아 듣소이까? 세상이 변한다고 고향을 떠났다고 인간 본연의 도덕적 가치관을 배신해서는 아니 되오. 태고적 본연의 본분을 우리는 고향에서 지키고 실행하며 살지 않았소? 세상이 변하면 사람도 변하는 것이 당연지사라지만 본분은 그대로여야 합니다. 도덕이 무너지고 사회가 혼란스러워도 정도만은 고지식을 고수해야 한다는 믿음으로 살아갑시다.

봉건사상이 아직도 남아 미련을 고집한다고 핀잔을 준다한들 내 어찌 울화가 치밀겠습니까? 시대에 걸맞지 않고 케케묵은 옛날 인정 따위로 세월이 많이 갔음에도 옹고집, 고향 따위가 밥 먹여 주냐고 당신은 말할 수 있습니다.

앞을 보고 뒤를 봐도 꼴사납고 구역질나는 교만과 허구, 아집이 뱀처럼 꿈틀대는 꼴사나운 현실들이 지금 고향에 난장화 되어 영글어 가고 있으니 정말 이건 살아 숨 쉬는 날의 비극이 아닐 수 없습니다. 문명의 이기로 고향을 훼손하고 명예를 실추시킨 비굴한 행동, 용서

할 수 없는 분노의 외침을 들어보라. 굿이라도 해서 귀신의 도움을 받아서라도 좀버러지 같은 내 고향에 안주한 군상들을 몰아낼 수 있다면, 그리고 옛날 그대로 여봐란 듯 고향을 되찾을 수만 있다면 무슨 짓인들 못하리.

망자여! 순수한 조상면전에 먹칠 말고 거듭 태어나라. 그래서 다시 우리의 고향을 찾자. 내 고향에 안주한 사람들이여 마음은 나 자신의 거울임을 알자. 자신의 행동거지에 남의 이목이 집중됨을 알라. 가까울수록 신의를 지켜야 하고 이 우정은 오래 가는 것이다.

고향을 못 떠난 죄인이기 때문인가. 주위에 당하고 이웃에 채이고 살아온 내 꼴을 보면서 나는 무척이나 황당했고, 인간의 존재가치를 의심하리만치 낙담했으며, 큰 곤욕을 치루었소이다. 인간으로서 정당성을 위배하고 보복을 위한 마음의 비수를 꽂은 적도 있소.

생각은 깊어야 하고 됨됨이는 확실해야 함을 외면할 수 없어 미친개에 물린 셈 치고 차갑게 식은 마음을 따듯이 데운 내 심정을 이방인인 당신이 과연 알겠소.

비바람도 한때에 그치는 것. 피 끓어 오르는 감정하나 억제하고 마음을 진정시켜 한걸음 물러서면서 내 마음속의 용서를 받아 내곤 했소이다. 산 좋고 물 좋고 공기 좋은 고향의 정기로 커 온 나였기에 가능했던 것 같소이다.

이해와 용서는 꽃보다 아름다운 우리 인간들의 미덕이자 후한 고향의 인정사정이라오.

제6장

[풋 여름이 익는 계절]

농자 천하지대본이라고 가꾼 대로 거둔다는 말처럼 사람들은 날만 새면 논밭으로 집을 떠난다. 비가 오면 삽 한 자루에 보리대로 엮은 우장을 걸치고 메꼬자에 장화까지 무장을 하고 논밭으로 달려간다. 밭두렁에 주저앉아 긴 장죽에 담배를 담아 빽빽 빨아대는 늙은 촌로의 모습이 아름답다.

금년농사는 별로다. 비가 많이 와서 작물이 온통 물투성이다보니 뻔대 없이 키들만 웃자라 걱정들이 컸다. 웃자란 수수대에 알알이 여물라 치면 참새 떼는 왜 그리도 극성을 피우는지 대막대기에 긴 사내

끼를 댕기머리 따듯 똑같이 엮어 매서 휘두르다 탁 잡아채면 총소리와 흡사해 덤비는 새들을 쫓곤 했는데 나중엔 새들도 약아 빠져 소용이 없었다. 네놈들이 처먹어 봤자 얼마나 처먹겠냐, 먹고 나머지 훑어 갈 테니 하는 식으로 체념하는 해마다 그 런식으로 농사를 짓는다. 수수알이 완전히 영글어 갈 때면 들꽃도 마지막 꽃들을 피운다. 말 그대로 자연 화단이다.

몰골 사나운 허수아비는 여기저기 세워지고 하얀 메밀꽃밭은 검댕이 알맹이로 익어간다. 메밀대가 장작개비처럼 뻣뻣해질 때 뱀들의 맹독은 절정에 이르러 물리면 치명적이라 한다. 피뢰침 같은 혀를 날름거리는 실뱀, 늘메기, 까치독사, 무사치, 물뱀, 똬리를 틀고 고개를 바싹 세우고 꼬리를 떠는 살모사도 본다. 지금도 내가 제일 무서워하는 건 뱀이다.

그리고 쥐. 한 번도 뱀에 물려 본 적은 없지만 놀란 적은 수없이 많다. 아담과 이브가 하나님의 율을 어기고 선악과를 따먹은 것도 뱀의 꼬임이라는 귀동냥을 빙자 삼아 나는 뱀만 보면 몽둥이나 돌멩이로 무참하게 두드려 댔다. 나를 놀라게 한 죄과가 곧 죽음인 것이다. 매사는 불여튼튼 조심은 길하다는 아버지의 말씀을 뱀 앞에서는 늘 기억했다.

한번은 남천 네 집 앞 수로에 참게 잡으러 내려가다가 웅크리고 있는 뱀을 질겅 밟고

"어마! 뜨거라!"

놀래서 높은 둑을 번개가 부러워 할 정도로 단숨에 튀어 올라온 적

이 있다. 220W의 전기에 감전돼도 그 정도의 놀람은 아니리라. 게고 나발이고 행여 물리지나 않았나 하고 발바닥을 들여다보고, 털고 물에 씻으며 아연 질색했다.

손바닥만 한 털북숭이 참게를 보고도 들어가지 못하고 손에 고무신을 들고 냅다 뛴다. 난 겁이 좀 많은 편이었다. 고향의 어두운 밤이 무서웠고 밤중에 뒷간에 가면 달걀귀신이 나온다는 옛날이야기가 생각나 뒷간도 가지 못했다. 전기 불 없이 등잔이나 남포 아니면 초롱불을 밝혔기 때문에 밤은 늘 절벽이었으니 물이 먹고 싶어도 부엌엘 나가지 못했다. 안방에서 건넌방으로 갈 때면 문을 미리 열어 놓으라고 엄마에게 이르고 후다닥 뛰어 건너갔으니 말이다.

한밤에 물이 먹고 싶었다. 큰일이었다. 나갈 수도 없고 그래서 주무시는 어머니를 깨우기도 하고 "엄마, 엄마!"를 소리 내 불렀다. 주무시다가 고함소리에 깨신 반 쉰 목소리로

"자다가 웬 물이야? 저녁을 짜게 먹었어? 웬 자다가 물이야 그래."

조갈에 먹는 물은 그야말로 꿀물이었다.

한 살 두 살 나이가 들어감에 나는 뭔가를 생각하고 있었는지 가끔 화를 잘 내기도 했다. 아버지는 늘 형을 못마땅한 존재로 여기셨고 으레 깍쟁이 패로 시작하여 욕을 퍼 댔다. 늘 미운 오리새끼였다.

또한 어머니에게 있어 형은 애물단지였다. 어린 내가 보기에도 형은 눈총을 받아도 쌀 만큼 행동거지가 엉망이었다. 일을 해야 할 바쁜 봄이면 으레 집을 나갔다. 자유 가출인 것이다. 일을 하기 싫어서

였다고 나는 생각한다. 아버지 역시 젊어서부터 일에는 취미가 없는, 늘 어머니의 속을 썩인 바람둥이 미운 남편에 속했던 것 같다. 그래도 엄마는 모든 허물을 이해하고 "열 계집 싫은 사내 어디 있겠노." 하시며, 쓸어 덮고 다독이며 언짢은 기색 없이 내조의 역할을 다하시지 않았나 싶다.

살결 흰 아버지는 미남에 속했다. 그래서 여자가 많이 따랐다고 한다. 목석이 아닌 엄마의 가슴앓이 오죽했으랴 싶다. 그러나 엄마는 매사 넓은 이해심과 도량이 컸었던 분이다. 그래도 아버지 없이 가식의 미덕을 보이셨다니 속상함 어찌 보상 받을까. 손끝 야무지고 뭐든지 꾸밈없이 잘해내는 엄마는 재주꾼이었다. 옷이 귀하던 시절 미국의 원조로 들어오는 광목 밀가루 포대를 뜯어 양잿물을 넣고 가마솥에 삶아 인쇄된 물감을 빼고 다시 빨래 방망이로 두드려 박속 같이 깨끗한 옥양목으로 둔갑을 시켜 놓으시는 진짜 살림꾼이셨다.

밀가루 풀을 쑤어 잔뜩 풀을 먹인 후 숯불 밀대 손다리미로 한끝은 내가 잡고 썩썩 문질러 다린 후 놋쇠 쇠자로 치수를 내서 자신의 고쟁이며 아버지의 바지저고리는 물론 몸빼까지 손수 재단하고 바느질을 하셨다. 등잔기름이 다 되어 가물가물 심지 타는 냄새가 나면 그때서야 비로소 주섬주섬 반짇고리를 챙기시며 손끝 골무를 빼셨다.

늘 식구가 많다보니 어머니는 일이 태산이었다. 헤어져 터진 우리들의 옷을 꿰매어 주셨고 고린내 나는 양말도 꿰매어 주셨다. 불철주야 엄마는 아버지 그리고 우리들의 천사이자 종이었다.

이런 엄마의 가슴을 늘 형은 왜 아프게 했을까. 자식으로서 단 한

번이라도 잘못을 뉘우치고 애걸하며 용서를 빌며 어머니의 아픔을 위안했던 적이 있었던가. 늘 혼자만 똑똑했고 혼자만 잘난 형이었다.

잘못된 형의 이면을 뒤로 하고 잠시 내 모습을 보자. 가지 많은 나무 바람 잘날 없다고 자식이 여럿이다보니 말 탄 놈도 보고 소 탄 놈도 본다고, 나 역시 한때는 엄마의 가슴에 커다란 응어리를 남긴 큰 죄인이었다.

갈등으로 남이 된 우리 부부 사이의 큰애 린아를 엄마는 대신 길러 주셨다. 자식의 잘못이기에 허물을 나무람도 없이 무던하신 엄마. 에미 떨어진 자식이라 더 소중히 보살펴 주셨고 모성애 이상을 넘어 주셨다. 그 죄스러움 이제 세상에 아니 계신 망인 앞에 슬픈 마음으로 "엄마, 잘 길러 주셔서 감사합니다."로 인사드린다.

눈물로 장례를 치르던 날, 얼음 같은 형의 마음은 얼마나 녹아 있었을까? 자신의 과거사를 뒤돌아보며 옳고 그름을 사과로 망인 앞에 용서를 빌었을까?

형의 외람된 삶의 역세권에서 지지리 복도 없이 태어난 혁이 이놈 역시 엄마의 정성과 가슴속에서 엄마의 젖을 물고 자랐다. 열 달 배 아파 낳은 자식 버리고 떠나야 했던 한때의 형수님. 전남 옥구 출신의 여자. 어린 혁을 두고 떠나기 하루 전, 집사람을 불러 앉혀 놓고 이 수저는 아버님 수저, 이 수저는 어머님 수저, 속없는 여자처럼 일러 주고 이불 빨래까지 삶아 빨아 널고 자꾸 뒤를 보며 울면서 홀연히 능안 고개를 넘던 혁이 엄마. 뒷모습이 보이지 않을 때까지 능안 고개에 서서 눈물을 글썽이며 시동생인 나를 바라보았다. 자식 떼어

한을 남기고 가는 한 여자의 심정을 형이라는 사람은 도대체 알고나 있었을까. 모질고 악독했다.

형수가 간 그날부터 혁이는 엄마의 차지가 됐다. 제 어미 떨어진 줄 알기나 하듯 저녁부터 보채고 우는 어린 것을 어르고 추스르고 둥기둥기를 치면서 안으로 밖으로 들락이셨다. 인정머리 없는 형은 고아원에 갖다 주라고 소리를 질러댔다. 어떻게 자식을 고아원에 줄 수 있겠느냐고 역정을 내시며 엄마는 펄펄 뛰었다. 이렇게 해서 혁이는 엄마의 품에 남게 되었고 엄마의 고행이 또 시작이 된 것이다. 따뜻한 제 엄마의 품에서 맛있는 젖을 빨며 새근새근 잠이 들어야 했을 녀석은 할머니의 빈 젖을 빨았다. 젖이 나올 리 없었다. 애는 울고 보챘다. 쌀이 부글부글 끓은 즈음 밥물을 떠서 설탕을 넣고 고무젖꼭지를 입에 물렸다. 반탕기나 되는 밥물을 게 눈 감추듯 빨아댔다.

젖이 아닌 밥물과 설탕이 안 맞았던지 설사를 하기 시작했다. 애는 보채고 야위어 갔다. 그러나 먹일 거라고는 밥물 밖에 없었으니 방법이 없었다. 궁리 끝에 이웃집 광현 엄마의 모자라는 젖을 빌려 가끔 빨렸다. 젊은 여자였지만 없는 살림에 먹는 것이 부실해 제 자식 먹일 것 밖에 없는데 배불리 물리기가 어려웠고 오래 물리지도 않았다. 그냥 마지못해 이웃사랑만 보일 뿐이었다. 이런 기막힌 젖동냥으로 그럭저럭 간신히 서고 기는 정도로 자라났다. 이처럼 혁이는 늘 할머니인 엄마의 빈 젖을 빨며 엄마의 배 위에서 잠이 들었다.

나는 늘 암죽을 먹고 자라는 혁이의 모습을 보면서 형을 원망하고 미워했다. 이미 이성을 잃은 짐승 같았다. 말없이 밤낮으로 시달리는 엄마의 눈시울은 자주 글썽거렸고 밤늦게 흐느낌도 들렸다.

이렇게 어렵사리 키운 녀석이 일순간의 잘못과 어른들의 부도덕한 박대 때문에 4년여 형무소 치욕을 치루고 자유인이 된, 어언 나이 30이 넘은 혁이. 다행히 저를 길러준 엄마의 임종까지는 못했어도 돌아가시기 전 얼굴을 보고 마지막 가시는 길까지 배웅한 신세 갚은 효자 손자가 아닌가. 하지만 저를 낳아준 아비는 거부한다. 그 녀석의 가슴속에도 뭔가가 가득 차 있기 때문일 것이다. 하지만 아서라. 한이 무슨 필요이랴. 미움이 무슨 소용이랴.

한때 탕자인 아버지의 자식으로 태어남을 허물치 말고 인간이기에 실수하는 법이니 젊은 네놈의 바다 같은 마음모아 미운 정 잊고 고운 정만 있어라. 작은 아버지의 마음이다.

제7장

[애증의 시간 속에서]

사랑은 시련입니다. 특히 첫사랑은 더더욱 그런 가 봅니다. 아프고 서운하고 가슴이 메니 말입니다.

등 너머 복숭아집에 살던, 열일곱의 착한 소녀, 내 동생의 친구. 가냘프고 작은 키에 청순미 넘치고 유난히도 책을 좋아 하고 작은 손이 너무도 예뻤던 아이. 오빠동생으로 시작한 우리는 날과 달이 가면서 이성으로 변해 갔다.

8년여의 연애 속에서 새로운 인생을 시작하자고 우리의 욕심과 약속은 무진장했다. 하루에도 수십 채의 기와집을 짓는 꿈같은 속삭임으로 동거를 시작했다.

꿈의 시작은 길고 컸으나 현실은 짧았다. 동거시작 8개월 만에 우리들은 파경에 이르러 원수처럼 흘금거리며 성난 야수가 되어 으르렁거렸다. 급기야 냉전 속에 우리는 마지막 정리에 합의했다. 둘 사이에 남겨진 것은 배반의 미아가 된 아가가 남아 있을 뿐이다.

책을 좋아한 그 아이의 생각은 낭만적이고 그 이상의 생각들이 자리 매김하고 또 그렇게 되리라고 자신을 했던가 보다.

벽이 아주 똑바른 집. 뾰족집을 유난히도 강조하던 아이. 정말이지 뾰족집에 대한 집착은 병적이었다.

난 늘 '그렇지 뭐. 네 소원대로 되겠지. 나도 네가 원하는 뾰족집에서 한번 살아 보고 싶으니까.' 라고 대답해 주었고, 그런 이야기가 오갈 땐 둘은 오직 행복이라는 것 하나 밖엔 생각하지 않았다. 그렇게 하루도 못 보면 안달이 났던 두 사람.

하지만 나는 그렇지 않았다. 그 아이의 모든 허무맹랑함이 내 가슴을 치고 있었다. 야무진 솜씨에 무엇 하나 설지 않은, 마음먹은 것은 꼭 할 수 있는 아이. 신앙에 열성적이고 어릴 적 가난 때문에 남의 집에서 일을 거들면서 성장해 온, 별로 사춘기를 행복하다는 마음으로 살아 보지 못한 아이. 아버지가 일찍 세상을 떠 가세는 기울고 위로 두 오빠, 오랜 세월 해소로 병 져 누운 어머니가 늘 불쌍하다며 자주 눈물을 보이던 아이. 이럴 때면 나는 그 아이와 아픔을 함께 하려고 무척이나 노력했다.

달이 유난히도 밝은 어느 날 밤. 달빛 밤은 한기를 느낄 만큼 찼다.

그 아이는 나에게 이렇게 속삭이고 있었다. 집에 있기가 너무 무료하고 하루하루 가는 세월이 너무 아깝다며 같이 돈 벌어 자신의 소원이고 목적이었던 뾰족집을 지어보지 않겠냐는 질문을 던져왔다.

나는 쉽게 대답했다.

"그래, 그럼 생각대로 해봐."

쉽게 허락한 내 한마디가 끝을 자초한 도화선이 될 줄이야. 신이 아닌 내가 어찌 알았겠는가. 그 애는 몹시 좋아했고 며칠 뒤 공단에 있는 악기공장에 취직을 했다. 그리고 뾰족집을 향한 도전의 시작이라 생각하고 무척 열성적으로 일을 했다. 공장 생활이 즐거웠던지 안 쓰던 일기도 쓰고 있었다.

봉급을 타면 옷도 사 입고 멋도 부릴 줄 알았다. 일찍 일어나 아침밥을 지어 놓고 출근하려니 늘 아침은 부산한 출근길이었다. 야근까지 하고 오면 다리가 퉁퉁 부어 있었다. 걱정은 온통 내 차지였다. 그만두라고 만류하지만 늘 고집은 나를 이기고 넘어갔다. '에라, 제풀에 쓰러지기를 기다리자. 못 견디겠으면 뾰족집을 포기하겠지.' 나의 뒤끝 없는 안일한 생각이 먹구름을 몰고 올 것을 그때는 왜 미처 몰랐을꼬. 속고 있는 줄 왜 몰랐을꼬.

바보, 미련퉁이, 칠뜨기. 사랑의 불꽃이 점화되기도 전에 악마의 속삭임이 매사를 망치듯 불꽃은 꺼져 있었다. 그 아이의 비밀을 귀띔해주는 첩자의 속삭임이 나를 일어서게 한 것이다.

바보가 아닌들 어찌 내 사랑을 양보할까? 나는 아무것도 모르는 사실이었다. 언젠가 작업도중 쓰러져 급한 대로 납품 운송 차량에 실려

병원엘 갔단다. 그 아이는 미안하고 고마운 마음에 기사에게 상냥함을 표시했다던가.

애가 있는 아기 엄마였지만 그런 티는 없었기에 기사가 프로포즈를 한 모양이었다. 귀가 시간이 더러 늦어지고 더러는 아예 들어오지도 않았다. 오빠네 집에서 놀다가 시간이 늦어 자고 왔다고만 했다. 그것까지도 나는 의심하지 않았다. 그러나 그 아이는 나와 자식을 외면해 가는 붉은 원숭이가 되어 총각 놈과 놀아나고 있었던 것이다.

더러운 사실을 알게 된 나는 흥분하고 씩씩거릴 뿐 방법이 묘연했다. 한 점 바람에 멋대로 날려가는 흰 구름을 잡을 수는 없었다. 싸우고 욕하고 달래고 얼러 보지만 이미 그 아이는 나와 자식을 떠난 낯모르는 이방인이었다. 배신자, 못 먹는 감 찔러나 본다고 난 내 행동을 주체 못하는 이성 잃은 폭군이 되어가고 있었다. 끝내 그 아이는 친정으로 가 버렸고 3개월이 지난 어느 날, 죽어도 너로 인해 내 가슴에 검은 응어리는 남기지 않으리라는 나의 살기 찬 오기는 불타 쓰러진다.

지푸라기처럼 힘없이 마음의 포로가 되어,

'그래 어차피 지금 이 현실이 너와 내가 고리를 끊어야 할 이유와 운명이라면 양보하고 져 주마. 못난 나보다 더 좋고, 너에게 뾰족집보다 더 좋은 집을 지어 줄 수 있는 놈이라면 무얼 망설이겠니? 네가 가고자 하는 길을 기꺼이 열어줌도 내 널 사랑했음이요, 내가 열 달 배 아파 낳은 자식 맡아 홀로 보냄도 내 큰 사랑이니, 하나님을 거짓으로 숭배하는 자여, 부디 속이 텅 빈 석고처럼 알맹이 없는 우렁이

껍질처럼 허망스러움의 나날을 겪어 보거라.'

하며, 서릿발 같은 저주와 보복의 용틀임이 불끈불끈 솟았지만, 뱁족집을 지어 주지 못했던 내 무능을 나무랄 수밖에…….

8년 8개월만의 대 드라마는 막을 내렸다. 법적으로 남이 된 우리는 최후의 만찬으로 그 아이 집에서 저녁을 해 먹고 웃으면서 헤어졌다.

어찌 그리 내가 너그러웠을까.

"어느 누구와 살던 행복하게 살아."

"자기도 좋은 여자 만나서 잘 살아야 돼."

마지막까지 서로의 안녕을 빌어주는 소설 속의 주인공처럼 우리는 마지막 포옹으로 이별을 장식했다.

그 후 수개월 후 다시 살았으면 한다는 어리석음을 전해 왔지만 나는 냉정히 거절했고 애가 보고 싶으면 와서 보라는 말밖엔 하지 못했다. 처음 만나 사랑이라는 행복감을 배워 나가면서, 냇가에서 작은 돌멩이를 주워 우리 사랑의 정표로 간직하자며 주워 모은 세 개의 자갈. 그 자갈을 지금까지도 버리지 않고 상징으로 간직하고 있으니 나는 아직도 그 아이를 그리워하고 있음인가.

아이 서넛 낳고 서울서 산다던데……. 시력이 안 좋아서 안경을 썼고 자식 버리고 남편 버린 그 죄 값을 내가 받나보다고 하더라는 한때 사랑했던 사람, 뱁족집은 지었는가요.

제8장

[성 격]

“마음 착한 심청이 아버지의 눈을 뜨게 하고 제물이 되어 뱃전에 몸을 날려 연꽃에 몸 실어 두둥실. 그 효녀 심청이가 바로 나라네. 사람은 일거수일투족(一擧手一投足)이 한결같아야 해. 암, 그래야지. 그게 물건으로 말허자면 정품이지. 안 그런가 이사람.”

“으이, 그려. 자네 말이 지당허네. 아, 근디 말이시, 누구 얘기당가요?”

“아, 누구긴 누구여? 허 아무개 자제 이야기제.”

“아따메 이제사 알건네요. 아, 그 냥반, 복이 늘 철철 넘치는 분이여. 사리분명하고 예의범절 깍듯하고 자상하며 의리 또한 남다르제.

남 어려운 사정 걱정하고 그저 나누려는 그 마음. 지금 시방 이런 세상에 어디 그런 분이 또 있다요?"

"암, 드물제. 일천 명 중의 하나 있을까 말까. 험험, 사람이면 다 사람이 아니여."

나도 실수하는 사람이다. 완벽한건 하늘이고 사람이 아니니까. 우량적인 부모의 유전을 받고 태어나 본분을 망각하고 예와 도를 넘어설까. 생각은 생각을 낳고 망각은 철면을 잉태하지 않던가. 가정에서도 필요한 사람, 사회에선 더더욱 필요한 사람. 소금과 밀알이 되도록 노력하며 산다.

나보다는 남을 먼저 생각하는 우선적인 기본생각 내가 먼저 남을 위해 뒷걸음질 퇴보로 남을 1등으로 앞세우고 2등에 서서 미소 있는 얼굴로 흐뭇해하고 싶다.

매사에는 적이 있지만, 예와 도를 추구하면 사람들은 나를 신뢰한다. 인격에 품위를 강조치 말고 마음을 비우고 너그러워져라. 두드리면 열리는 것이 잠긴 문이요, 열고 보면 해결은 끝이 나는 법.

야무지거나 암팡지거나 똑똑하지는 않아도 남한테 미워지는 그런 사람은 아닙니다. 내가 내 인생을 소신 있게 배려를 잘해서 의미 있는 사람으로 남았느냐고요? 아닙니다. 그저 천성이고 부모님의 사랑이 유전자처럼 전달된 것뿐 뭐 다른 게 있을 리 있습니까? 그저 기본정신이 전부이니까요. 세상 살아감에 감정은 역입니다. 평생을 그르

칠 수 있는 전염병 같은 것입니다. 나는 O형의 피를 가지고 있습니다. 나의 유전자는 O형입니다. 주위 환경이나 일상의 습관, 친우 관계, 생각의 차이, 사랑, 나눔, 정 이런 것들이 복합되어 믹스될 때 행복한 나를 발견하게 됩니다.

웃는 낯에 침 못 뱉습니다. 말 한마디에 천 냥 빚도 갚습니다.

우리 것은 좋은 것이며 행복의 조건은 나하기 나름이여. 선한 끝은 있어도 악의 끝은 없다 허드만 우리 이런 건 버립시다.

매사를 긍정적으로 보고 정으로 미워 말고 이기와 독식을, 아집을 배격하고 불의를 용서치 않는 정의, 두 팔 벌려 하늘 우러러 볼 때 부끄럽지 않은 세상을 열어 봅시다.

우리들은 상록수가 되어야 합니다. 어디 세상을 당신 혼자 산답디까?

방종하지 않은 무드 있음을 좋아하는 사람. 마음의 방종은 금물입니다.

허나 육신의 자유는 말 그대로 자유입니다. 치장하고 멋 내기는 당신의 취미이자 생활이니까 딱딱하게는 살지 말자 이겁니다. 예전에 나는 이랬습니다. 물론 생활이었으니까 그럴 수밖엔 없었는데 눈송이처럼 하얀 백구두에 굽 높은 캉캉 지퍼가 달리고 흰 면양말만 고집하던 한때가 있었습니다. 무명으로 쇼 무대에서 노래 할 때 이야깁니다.

그때나 지금이나 모양새만 달랐을 뿐 마음은 행동은 조금도 변하지 않은 진짜 일편단심 민들레입니다. 금방에 벼락부자로 수십억이 생긴다 해도 나는 동요되지 않습니다. 천성을 무효화 하지 않습니다.

사람 나고 돈 났지 무엇이 이 세상에서 먼저입니까. 양복은 나에게 어울리지 않습니다. 입기도 싫습니다. 있지도 않고요. 수수한 잠바떼기나 걸치고 운동화 짝 질질 끄는 게 제격이지요. 넥타이는 어찌 매는 것입니까? 머리는 늘 터분한 장발입니다.

노래할 때 스타일이 수 십 년이 지나도 버릇이 고쳐지지 않으니 엄청 고집통이고 턱밑 수염을 족집게로 하나하나 뽑아내는 재미는 감출 수 없는 제 취미이지 뭡니까. 앙바틈히 땅갓에 붙은 키 작은 도장나무처럼 나는 단단하기는 하지만 늘 내 작은 신장 때문에 열등감에 쌓여 사람 많은 버스 타기를 죽어도 싫어합니다. 그래서 주로 낭비를 하지요. 택시를 타니까. 정말이지 쑥대처럼 키 좀 커 봤으면 좋겠습니다.

이제 나이도 먹고 그런 열등의식도 점점 없어지지만 머리카락이 자꾸 빠져 또 하나의 고민에 또 머리가 빠집니다. 기계도 오래 쓰면 고장이 나듯이 나도 이젠 보링할 때가 됐나 봅니다.

죽는 놈이 뭘 알겠습니까만, 죽기 전에 키 좀 한번 커 보고 죽었으면 하는데 어디 날 잡아 늘여 줄 사람 없나요? 20cm만 늘려 주신다면 감사의 뽀뽀나 해드릴 텐데.

귀 동냥으로 들은 이야기인데 남들은 날 보기를 퍽이나 글줄이나 아는 학식 있는 사람으로 본답니다. 그냥 매사에 관심을 갖다보니 이것저것 하다 보니까 잘 보여 지게 되고 그렇지 않은데 그렇게 보여

지고 그러는 거예요. 실제는 무식하기가 이를 데 없지요.

인천 석남 초등학교 제 11회 졸업생에 민간 설립 중학교 천광고등공민학교 2학년 중퇴가 내 학력의 전부이거늘, 누가 날 대학 나온 인텔리로 본답디까? 하는 일보고 저사람 그 정도는 나왔을 거야 지레짐작 일뿐이죠. 아무튼 칭찬받아 기분 나쁠 일 없으니 기분은 나이스고 윗글에 조금도 가식이 결여 된 일없이 사실을 고발했으니 믿거나 말거나 그 몫은 내 알바 아니요.

나 가방 끄냉이가 짧아요. 술장사 3년에 남은 건 찌그러진 주전자 뿐이라구. 겉똑똑이 속 미련퉁이고 보니 인생살이 개갈이 안 납디다. 쌀 꾸랴 돈 꾸랴 인생살이 꾸냥으로 일관하니 공수래공수거(空手來空手去) 인생무상(人生無常) 이런 말이 여기에 해당됩니까.

바보 같은 사나이 미련한 곰이 하늘을 보며 게걸거린다.

으이구, 이 화상.

제9장

[분 신]

너는 나의 소중한 자식이고 딸이다. 일평생을 지켜보고 사랑해야 할 나의 분신이다. 아버지라는 이름으로 너를 사랑한다.

온종일 신명이 나는 아이, 가만히 불어오는 실바람이 이마에 늘어진 아이의 머리카락을 제친다. 작고 깜찍한 꽃고무신 벗겨지면 주워 신고 또 벗겨지면 주워 신고 송글송글 코끝에 맺힌 땀방울, 아이가 힘든가 보다. 린아, 이제 집에 가자. 너 더워서 안 되겠다.

말 잘 듣는 아이는 아빠의 손을 반갑게 잡는다. 패랭이꽃 네 잎 클로버 한 낮의 나팔꽃을 꺾어 아이에게 준다. 아빠 이게 무슨 꽃이야? 응 그냥 이쁜 꽃. 굳이 이름을 가르쳐 주기 싫었다. 호기심으로 오래 기억에 남는 꽃으로 만들기 위해서.

작은 자갈돌이 냇물에 잘도 굴러간다. 꼬질꼬질한 아이의 얼굴을 시원한 냇물로 닦인다. 키 작은 나무 그늘에 아이를 뉘어 잠들게 한다. 공주였고 인형이었던 잠든 아이의 천진함. 이놈이 나의 분신이라니 깨물고 싶도록 예쁘고 고왔다.

엄마 없는 아이는 엄마를 찾지 않았다. 아빠가 엄마이고 할머니가 엄마였으니 엄마가 많아서 좋았다. 철이 나서 엄마를 찾게 되는 것보다 지금처럼 아무것도 모르는 지금 그대로 계속 아이로만 있었으면 했다.

실망하고 괴로워하면 어쩌나 싶은 책임 있는 아버지로서의 자괴심에서랄까. 체면이라 할까. 아무튼 어린아이로 남았으면 했다. 앞으로 어떻게 하리라는 아무런 계획도 없이 세월이 가니 모든 것 잊히고 묻히고 보이지 않는 현실 속에서 아이는 자라 인천여상까지 졸업을 하고 아무런 속 썩음도 없이 수수무탈 그랬다. 나보다는 스스로의 행동이 더 옳았던지 자신이 다 알아서 해결하며 자라 나갔다.

이런 내 딸이 자랑스럽다. 생각이 깊은 아이, 사리가 분명한 아이, 두 이름으로 축하해 주고 싶은 나의 딸이다.

책가방 속에서 '울 엄마' 라는 제목의 책을 발견한다. 그래 내 딸 미안하다. 왜 이리 됐어야 했는지 넌들 알겠니. 바보 아빠는 아직도 네 엄마의 배신에 정답을 찾지 못했구나.

그리고 네 나이 인생 30년을 살은 지금도 네 에미에 대한 말은 한마디도 하지 못했고 너 또한 묻지도 않았구나. '울 엄마' 라는 책속에서 네 엄마를 찾아 헤맨 네 심정 아빠가 안다. 눈이 짓무르고 발바닥이 헤어져 그 고통 또한 심했겠지. 다른 사람과 눈 맞아 서울로 간 네 에미는 잘 먹고 잘 산다 하더라만 평생토록 널 잊진 못할게다. 천륜이 어데가랴, 속죄로 살테지.

이제 어른이 된 아이, 내 딸 나의 분신아! 별것도 아닌 인생살이 힘들게 살지 말자. 동에서 뜬 해는 서산으로 넘어 가는구나. 네 에미는 너를 버린 비정의 악녀이고 아빠를 배신한 통한의 원흉이니 생각한들, 보고 싶은들, 부질없는 일. 천둥 불속에 생각을 태워 버리자.

어허이 훨훨, 잘도 타는구나. 무엇이던지 지워지지 않고 불타지 않은 물어보고 싶은 것이 있으면 물어 보거라. 기억을 더듬어 거짓 없는 사실을 답해 줄 수 있는 준비된 아빠의 마음이 있단다.

내 딸 린아야, 낡은 건 버리자. 추억거리가 될 수 없는 건 생각 밖으로 두 번 다시 떠올리지 말자. 닭 쫓다가 지붕 쳐다 본 어이없는 기억은 지우자. 그리고 네 동생 이야기로 화제를 바꾸자. 그게 좋겠다.

공부하기 싫은 네 동생. 도대체 무엇이 되려고 끔찍이 사랑하며 기른 자식인데 이렇듯 기대 이상의 시련을 주다니…….

순간의 선택이 평생을 좌우한다는 말 그대로 진로(進路)는 잘 잡았건만 악귀의 속삭임에 빠져 제 인생 말아 먹고 운명의 여신 앞에 머리 조아려 사죄하는 누(累)를 범했으니, 누굴 원망하랴. 자식 키울 마음에 최선을 다한 보답이 고작 망연자실(茫然自失)을 안겨주고 애끓는 기다림에 오장육부(五臟六腑) 다 썩어 남은 건 한숨뿐. 여북하면 죽어 버리기를 원했고 귀신은 다 뭘 하느냐고 공박을 주기도 했으니 생고통속의 세월이 2년여, 머리가 흔들리고 진절머리가 난다. 아빠의 못다 핀 꽃송이를 너 만은 끝내 피워야 한다는 일념 하나에 내 인생을 걸었건만, 도박은 깨어지고 돈도 깨어지고 그러다보니 내 가세도 기울고 그 바람은 아무것도 남기지 않았다. 모조리 쓸어 가 버렸다.

이건 대 사건이고 가문에 비극이다. 어찌하여 이 세상을 살려느냐. 네 머리통 속엔 더러운 똥이 가득 들어 있을 뿐이다. 용서를 빌 것도 없고 용서 해 줄 것도 없다. 바람이 다 휘 몰아갔으니까.

무에서 무를 어찌 창조하랴. 죽은 인생이고 살아 숨 쉬는 밥벌레에 불과 할 뿐이다. 훗날 끄냉이에 대물림으로 남기지 말자. 너 하나로 족하고 너 하나로 끝을 내라. 너는 그 무엇도 기대할 것도 바랄 것도 아무것도 없는 속빈 강정. 애 마름 수난의 세월 속에 미처 버리지 못한 애비가 신통하기만 하다.

미운 아이야, 슬픔으로 이 밤을 지새우게 하지 마라. 이율배반으로 마이너스는 만들지 마라. 작은 거인이 되어 키워 내려던 애비의 꿈은 깨어지고 흔적 없는 모래성이 되었구나.

제10장

[무명 가수]

다섯 자 작은 체구의 나는 욕망에 허우적거렸다. 작은 거인의 꿈이고 목적이었던 음악에 대한 불같은 집념과 열정은 활화산의 분화구와 흡사했다.

흐드러지게 달 밝은 가을밤은 이슬과 함께 차갑게 빛나고 있었다. 한 무더기 흰 구름이 달빛을 가리며 유유히 사라진다. 잠시 어둠에 가렸던 내 두 눈의 동공이 빛을 발하며 방금 가렸던 달빛을 본다. 늦은 달빛 밤의 적막은 온갖 벌레들의 울음소리로 화합을 이루고 잎사귀 마다 밤이슬이 맺혀 은구슬을 만든다.

쥐를 쫓는 들고양이의 후다닥거림이 나를 놀라게 한다. 임자 없는 버려진 산소에 기대어 나는 하모니카를 분다. 푸른 하늘 은하수 하얀

쪽배에 계수나무 한 나무 토끼 한 마리 달 속에 계수나무와 절구질하는 토끼를 본다.

긴 한숨이 절로 나온다. 나의 목표는 세 가지였다. 천의 목소리 방송국의 성우가 되느냐, 아니면 가식과 현실을 조화 부려 독자의 심금을 울릴 수 있는 소설가가 되느냐, 또 하나 화려한 조명아래 무대에서는 가수가 되느냐 하는 세 가지였다.

가방끈이 짧은 내가 무엇을 어떻게 쓰겠다는 건가? 아니야, 허망한 꿈이고 건방진 푼수야. 그러면 가좌동의 명예를 빛낼 수 있는 가수가 될까? 타고난 성대도 가졌으니 성우는 가수가 된 다음 방송국에 드나들게 되면 이렇게 저렇게 해서 할 수도 있는 일이니까 문제는 도전인데……. 내 인생의 기로를 가늠하는 서글픈 달밤이었다.

내 천성으로 끼를 발휘하여 만인의 우상인 가수가 되어 보자. 결단은 채 5분도 걸리지 않았다. 번개 같은 초스피드 첨단의 결단이었다. 이슬 나리는 달밤에 이런 생각을 하게 되기까지는 타당한 동기가 있다. 초등학교 시절 집 앞에는 미군부대가 모여들었고 양색시들을 거느리는 지금말로 포주 할머니가 있었다. 마담 할머니의 아들인 '상돈' 이라는 형뻘 되는 사람인데 노래를 곧잘 불렀다. 마담은 늘 노래 잘하는 나를 칭찬해 줬고 아들 상돈이와 방송국에 한번 나가보라고 늘상 안달을 부리곤 했다.

이때부터 나의 꿈이 싹트기 시작했고, 그 당시 흔하게 열렸던 동네 콩쿨대회는 물론이고 다른 동네 콩쿨대회에 발을 비비고 쫓아다니면서 경험을 쌓았다. 이런 행사가 있으면 너도나도 저녁을 먹기가 무섭

게 삼삼오오 이웃과 짝이 되어 모여 들었다.

모처럼의 경사에 아가씨들은 안 바르던 분단장에 입술까지 붉게 칠하고 밤을 즐긴다. 밀밭 보리밭이 엉망이 된다. 노래자랑은 안중에도 없고 밀밭에서 보리밭에서 사랑의 몸부림의 흔적을 그림처럼 그려 놓았다.

아침에 일어난 밭주인은 펄펄 뛰고 난리를 친다. 당시만 해도 해만 지면 처녀들은 외출금지로 부모들은 엄했다. 그러나 콩쿨대회가 열리는 날은 아무 의심 없이 의무적 허락인양 외출이 자유로웠다.

"염병할, 넌 놈들이 무슨 지랄로 남에 밀밭에서 궁매고 지랄을 해. 누구 망허는 꼴을 볼려고 그러나. 오라질 놈의 종자들아. 집구석 내비두고 왜 밀밭에서 지랄여 지랄이."

우리들은 그저 킥킥대고 웃을 뿐이다.

누가 들어도 노래는 잘했는데 1등, 2등은 내 것이 아니었다. 짜고 하는 일이라 상품 안주려고 겨우 장려상이나 4~5등이 전부였다.

신현동에 무철이라는 무당 아들이 있었다. 노래를 곧잘 불렀다. 가수 남일해 스타일로 목소리가 무척 저음이었다. 당시 그 녀석은 나보다 그 방면엔 선배여서 방송국 어쩌고 하는 소문이 자자했다. 그 녀석은 연예인이나 된 듯 제 이름자에 멋을 부리고 있었다. 박무철인데 박 철로 통했다. 나와는 라이벌이 될 수밖에 없었다.

그 녀석도 내심으로 나를 경계하고 있다는 소문을 들었는데, 역시 이런 대회 때면 그 녀석이 안 나왔으면 하는, 은근한 1등의 욕심이 생기곤 했다. 으레 1등은 그 녀석 차지였으니 나는 열 받을 밖에.

변성기가 지나 완전한 성인의 목소리가 된 즈음 본격적인 나의 발성 연습이 시작 됐다. 어떻게 하는 것이 올바른 발성법인지 조차 모르면서 무조건 목을 틔워야 한다는 생각에 "야" 하는 긴소리를 질러댔다. 목은 쉴 대로 쉬어 말도 안 나왔다. 말만 듣던 날계란을 먹으며 목을 달랬다.

나의 집념을 모르는 부모님이나 동네 사람들에겐 소리 지르는 내가 사건 그 자체였다. 한마디로 미쳤거나 돌았다는 이야기다. 아침저녁으로 바닷가 바위 등에 서서 소리를 질러 댔으니 소리 지르기가 끝날 때까지 나는 미친놈이 돼야 했다.

어머니나 아버지는 이해를 하셨다. 목에서 피가 나와야 된다. 그래야 목이 확 틘다. 그 소리는 들었지만 내 목에서 피는 토해 보지 못한 것 같다. 아니 어쩌면 나도 모르게 나온 피를 마셔 버렸는지도 모른다. 쉬고 가라앉고 또 쉬고 반복 속에 다시는 목이 쉬지 않는다. 성공한 셈이다. 나에 대한 미친놈 소리도 끝이 난 것이다.

마당 아랫집, 양철집 경남이도 나의 목소리를 평가해 주었다. 그녀석 역시 가수 되는 게 소원인 녀석이었으니. 당시엔 정보가 둔한 세상인 까닭에 어데서 무엇을 하는지 모르는 세상이었기에 송림동쪽을 자주 나갔다. 현대 극장 구경을 즐기던 나라서 극장 구경을 나갔다가 팸플릿 정보를 보고 나는 예비시험에 응모하게 된다.

일본 NHK와 전 동양방송 공동 주최로 일본무대에서 노래할 신인가수 모집에 응모했다. 최종합격자는 NHK 방송사 TV가수로 기용된다는 군침 도는 제의였다.

나의 기능번호는 1110번. 잊혀 지지도 않는다. 7명 모집에 내 중간 번호가 일 천 백 십 번이 넘었으니 이건 낭패였고 자신감이 오그라들었다. 어쩌랴 결과는 뻔한 것. 천운이 기다려 주지 않은 다음에야 어찌 행운을 잡으랴. 낙방이었다. 명단에 나의 이름 두자는 보이지 않았다.

이번에는 인천의 세계극장에서 시민 노래자랑이 있었다. 나는 또 그 무대에 서서 노래했다. 여기서도 패배. 그러나 그것은 나에게 어디까지나 연습무대였고 실습무대였으니 서운한건 없었다.

내일을 기다리는 나의 서두름은 열성적이었다.

어느 날 나는 화평동에서 신인 가수 모집 광고를 발견했다. 당장 작곡실로 달려가 테스트에 합격했다. 피아노 반주에 노래연습이 이어진다. 가수가 될 수 있는 작곡가도 만났으니 일이 되어가는 징조였다. 얼마 후 내가 소속해 있는 작곡실이 청량리로 이사를 가게 된다. 나도 학원을 따라 청량리로 매일 연습하러 버스를 타고 다녔다.

행운이 오려했는지 3개월이 지나자 선생은 나에게 신곡 〈님 찾아온 항구〉 라는 타이틀의 신곡을 주며 연습에 들어갔다.

어느 정도의 연습기간이 되자 선생은 나를 데리고 장충동 지구레코드사로 갔다. 아무나 들어 갈 수 없는 외인 구역이었다. 긴장이 되고 목구멍에 침이 말랐다. 연속, 네 번의 반복으로 O.K 사인이 났다. 레코드 취입은 끝이 났다. 이제 남은 건 방송을 통한 PR뿐이었다. 돈이 문제였다.

얼마 후 나는 아세아레코드사 소속 선우춘강이라는 젊은 작곡가를 찾았다. 종로구 묘동에 위치한 작곡실인데 테스트 결과가 좋았다.

얼마 후 〈아프지 않은 상처〉라는 타이틀곡을 받았다. 한 달 정도 연습으로 마장동 아세아에서 또 하나의 곡을 취입했다. 내 목소리가 담긴 두 장의 디스크를 기다리는 마음은 초조하기만 했다.

이미자, 김세레나, 하춘화, 김상진 등이 같이 녹음된 옴니버스 LP판이었다. 두 장의 디스크를 끝으로 나는 집에 있었다. 이제 어떻게 해야 하는 건지 선생에게 묻지도 않고 물으려 하지도 않은 채 갈등이 생기고 고민이 닥쳐온다.

그러던 어느 날 극장구경을 갔다가 버스 정류장에서 나붙은 광고지에 시선이 갔다. 법률보사 경기분실 문화부라 되어 있고 문화부 단원을 모집한다고 되어 있었다.

당장 찾아갔다. 테스트는 물론 레코드 취입 경력이 나를 더 인정하게 만들었다. 남녀 8명의 단원이 모아졌다. 첫 공연은 부평 시민회관이었다.

나는 배호의 〈누가 울어〉, 성재휘의 〈보슬비 오는 거리〉 그리고 내 취입곡 〈아프지 않은 상처〉를 PR이라 생각하고 불렀다. 시민회관을 시작으로 나는 바로 전국 극장을 누비며 기라성 같은 일류 배우 및 가수들과 일체가 되어 쇼를 했다.

비록 나 이외 몇 명은 무명이었지만 가는 곳 마다 젊은 애들에겐 우상이었다. 지금도 그 당시 극장에 붙어 있던 포스터가 내 방에 걸려 있어 옛날을 대변해 준다. 이대엽, 하춘화, 김상진, 백조시스터즈, 박노식, 양훈, 양석천, 이항, 백송, 김한국, 안정애, 윤왕국, 고운봉,

황금심, 김세일, 정재은 등등 쟁쟁하고 인기 절정의 그들과 극장을 누볐다.

특히 양훈씨는 나를 좋아하셨고 늘 칭찬을 아끼지 않았다. 노래 잘 한다고 어떻게 작은 체구에서 힘찬 목소리가 나오느냐구, 무대뒤 대기실에 있으면 뚱뚱이 양훈씨는 "야, 허심이 잘했어." 하며 내 등을 두드려 주기도 했다.

80년대든가, 영화 〈여로〉, 태현실, 장욱제 주연의 〈여로〉. 그 〈여로〉 쇼가 인천극장에서 있었는데 나도 그 쇼에 출연했다. 나의 미친 오명을 벗은 계기가 바로 인천극장 〈여로〉 쇼 공연 때였다. 그야말로 하늘의 별과 같은 스타들과 한 무대에서 하는 공연을 동네사람들은 두 눈으로 보게 된 것이다. 극장마다 휴게시간에 내 노래가 틀어져 흘렀다. 영사실에서 나오는 내 노래 소리가 극장을 쿵쿵 울릴 때 나는 누구보다도 행복했다.

화려했던 어제도 마음 들뜨게 했던 취입도 이젠 잊어버려야 한단 말인가? 아니다. 돈이 없고 능력이 없다 보니 마음속의 승부 뿐, 꿈이야 어데 가랴! 백전노장의 기상은 언제나 그대로인데 이승에서 못 다 이룬 꿈이라면 후일 저승에 가서라도 나는 가수가 되리라. 종말은 끝을 예고하고 그러나 난 하고 싶다. 못 다한 미련, 남은 내 인생. 억울해서 어찌 눈 감으랴. 세월이 원수요 몰라주는 세상이 야속스럽다. 애끓는 안달은 언제까지 이어지려나……. 나의 뜨거운 집념은 정녕 하늘에 닿으리라.

제11장

[불신의 3일]

내가 부모님과 한 이불속에서 잠들어 보기는 초등학교 3~4학년까지가 전부였을 거라 생각된다. 냉철한 성격도 아니거늘 왜 독방을 고집했는지 모를 일이다. 마루를 가운데 둔 안방과 건넌방 그리고 사랑방 중 나 혼자 쓰는 건넌방이 내 방이다.

비록 초가였지만 여름엔 시원했고 겨울은 따뜻했다. 느지감치 땐 군불에 달궈진 구들은 새벽까지 쩔쩔 끓었다. 나는 따뜻한 이방에서 꿈을 키워왔고 설계도 했다. 내 인생 설계 사무실이자 나의 안식처였다. 그러나 이 정든 방이 헐릴 날도 얼마 남지 않았다. 개발의 불도저는 인정도 없이 땅을 밀어 댔고 정든 이웃이 하나둘 어디론가 떠나 버린다. 우리라고 별수는 없었다.

집만 덩그러니 남겨 놓고 주위를 둘러 파 낭떠러지 집을 만들어 놓은 행패에 더 버티고 남을 여유가 없었다. 작은 집이 있는 근처 단칸에 모여 1년여를 넘게 살았다. 짜증스럽고 그렇게 지겨울 수가 없었다.

집이라고 들어가기조차 싫어서 문 앞에서 서성거리기도 했다. 한여름엔 말 그대로 찜통 집이었다. 나의 짜증스러움을 눈치 채신 어머니가 나를 달랜다.

"왜 그랴? 아서, 그러지 마러. 어떡허냐. 네가 참아야지"

나는 어머니의 그 말씀에 눈물이 왈칵 쏟아졌다.

정든 집이 헐린 아쉬움 내 불만의 터짐. 이것이 북받친 내 설움의 눈물이었다. 순해 터지면서 일 잘하던 자식이 언성을 높이고 지랄을 하니 어머니의 심정인들 편할 리 있겠는가. 어머니의 잘못도 아니거늘 나는 왜 그랬는지 욕 잘하는 아버지에게 행패를 부렸다면 긴 작대기찜질이 나를 그냥두지 않았을 게다. 늘 만만한 것이 어머니였다.

무식하고 역정 많은 아버지였기에 우리들은 아버지를 별로 좋아하지 않았다. 그냥 아버지였거니 그런 식이었다. 잘해도 잘한 표가 없이 아버지는 나를 알아주지 않았다. 속사랑 겉 푸념인지는 모르나 늘 내 마음을 서운하게 하셨다. 능안고개에 씩씩거리고 주저앉아 있는 나를 어머니가 찾아 오셨다.

"애야! 심이야, 왜 그래? 너 힘드는 거 알어. 네 아버지 승질 별난

거 알잖어. 그 놈의 성질머리, 이 에미도 그러려니 하고 살어. 그나마 뒷 끝이 없어 금방네 허허 하는 성질이니 속상해도 참어. 어이가자."

"먼저 가세요. 금방 갈게요."

뜨거운 한숨이 나온다. 그리고 중얼거린다. 이거 어떤 놈처럼 휑하니 집구석을 나가버려? 어머니의 위안도 잊은 채 나는 중얼거리며 독기를 품고 있었다. 그리고 맥없이 집으로 와 내방에 주저앉았다.

옛날 우리 집에서 천자문을 가르치던 훈장이 있었는데 그 훈장이 쓰던 게딱지만한 책상이 있는데 거기에 엎드려 고민하기 시작했다. 부엌에선 저녁 지으시는 어머니의 덜그럭거림과 밀집 타는 호드득 소리가 들려온다. 그래 나가자. 속 시원히 나가자. 아버지에 대한 반항의 불씨가 일어나고 있었다. 나는 용감하게도 이것저것 내 것을 챙기고 있었다. 인자하던 어머니가 마음에 걸려 나올 수가 없었다. 이렇게 하루가 가고 또 하루가 간 마지막 떠나리라는 3일이 되던 날. 나는 석고가 되어 멍하니 서 있었다. 어머니가 불쌍해서 나갈 수가 없었다.

엄마가 애처로웠다. 엄마를 위해서 내가 지자. 나는 아버지에겐 이겼다. 답답함에 문을 열고 나왔다. 아무렇지도 않은 듯 자신을 속이는 비겁자가 되었다. 어머니를 속인 것이 더 미안스러웠다. 엄마 미안해요. 속으로 사죄했다. 검둥이가 문지방을 핥고 있었다. 검둥이는 나를 보더니 신통치 않은 듯 힘없이 꼬리를 살랑인다. '후딱 화 풀어요. 참을 인자가 셋이면 살인도 면한대요.' 하고 말하는 것 같았다. '그래 검둥아, 네 말이 맞어. 내가 바보란다. 못났어. 쥐뿔도 용기도 없으면서 오기는 있어 가지고 난 왜 이렇게 바보스럽다니. 검둥아, 나는 왜 이렇게 마음이 약한지 모르겠구나.'

아스라한 추억 속 그 사랑스런 검둥이가 한없이 그리워지는 초가을. 검둥이의 털은 유난히도 반들반들했고 비너스처럼 날씬한 놈이었지. 그래, 그리고 너는 그해 더러운 인간의 뱃속에 똥이 되고 말았지.

제12장

[한 움큼의 능력]

나의 집착은 가히 수준급이다. 통찰력 관찰력이 뛰어나 어느 것 하나 예사로 보는 법 없고 생각을 길게 하는 버릇이 있다. 그래서 오래 기억하고 마음에 남는가 보다.

사람을 알게 되어도 그렇다. 상대가 배신하지 않는 한 여자건 남자건 신뢰하고 싶고 오랜 정을 나누고 싶어진다. 뭘 바라는 의미는 아니지만 아무런 실속도 없으면서 더러는 감정적 손해를 입기까지 하면서도 나는 늘 이런 식이다. 나의 취미는 공상과 글쓰기가 전부다. 잠이 들 때 까지 쓰고 또 쓰고 쓸데없는 것인 줄 알면서도 그저 생각

나는 대로 마구 써 대는 버릇이 있다. 나의 이런 버릇은 작은 일상생활의 하나가 됐고 여기 저기 글을 써 보내는 행운도 안게 된다.

한국 갤럽조사 연구소 국정 모니터 요원으로 1년간 글을 써냈다. 구정 발전 아이디어와 제보의 글을 써 냈고 각 신문에 나의 제언이 실렸었다. 현대일보 김종득 기자와 인터뷰도 가졌고 사진과 함께 신문에 실린 부끄러운 어제도 있었다. 이런저런 관심사의 관계로 인천시장 표창 몇 개와 구청 표창 등등 상장이 꽉 차있다. 나는 이런 것으로부터 더 열기를 높여 분발하고 열성인 것 같다. 이런 관계로 상금도 수 십 만원이나 탔으며 서구를 빛낸 사람이라는 메달도 받은 바 있다.

내 취미로 모은 고서적(古書籍), 고유물, 100여 점이 넘는 동전(銅錢) 등이 서구청 미니 박물관에 보관이 되어있다. 내 고향 가좌동에도 선사유적의 흔적이 뚜렷한 것을 나는 왜 관리청에 신고하지 못했는지 못내 아쉬움이 남는다.

아무도 보이지 않는 나무 많은 산으로 가고 싶다. 그곳에 묻혀 무능한 머리를 짜며 알 수 없는 글을 쓰고 싶다. 이해하기 힘든 그런 이야기를 말이다.

사랑은 아무나 하나. 유행가 가사처럼,

"글이나 시는 아무나 쓰나. 건방진 오만투성이. 주제를 알고 살아야지." 남들이 이렇게 이야기 하려 들면 나는 다음과 같이 쫑크를 줄 텐데.

"야! 능력은 다 있어. 다만 관심이 없고 쓰지 않을 뿐이지. 생각대로 기억대로 쓰면 그게 글이고 문장이고 문학이야. 다만 모자란 어설픈 차이밖엔 더 밝혀 낼 것이 없다구. 진짜 문학의 달인들은 도용하고 거짓을 미화(美化)하고 가식을 지어내고 왜곡하며 엿장수처럼 제 마음대로 써버리는 논리적 기술 하나일 뿐이지. 다 시쳇말로 구라야. 다 뻥이라구. 거짓을 멋지게 꾸며내는 기술자들이라구.

솔직하다 말할 수 있는 다큐물이나 장편 역사소설도 알게 모르게 왜곡이 있고 작가 나름대로의 기술이 가미돼. 물론 역사에 관한 자료나 현지 관찰 또는 역사학자의 자문과 고서를 바탕으로 대하소설이 꾸며지겠지만 다 그런 거니까 힘내고 너도 써 봐. 글을 쓸 수 있는 소재는 아무거나 다야. 풀 한포기 돌멩이 하나 푸른 소나무 어느 것이든 다 글이 될 수가 있다 이거지. 그러니 글 쓰는 사람 정해져 있는 것이 아니라구."

나에게 이런 보잘 것 없는 것을 해 보겠다는 작디 작은 능력이나마 내게 주어졌다는 게 얼마나 다행스러운지 모르겠다. 겨우 한 움큼의 능력일망정.

제13장

[구속과 천륜]

아마 지금부터 한 40여년 거의 됐을까. 가좌동에 관공서 하면 윗마을에 자리 잡은 초라한 일본식 창고 비슷한 관사 동사무소가 전부였다. 그 앞에는 오래된 고목(古木)이 하나 있는데 가을이 되면 그네를 매어 대회도 갖고 1년에 한번마다 야외공연장이 열리기도 했다. 당시야 본토뿐이라서 드문드문 있거나 더러 모여 살아가는 집이 그리 많지 않았다. 지금은 가좌동이 1동에서 4~5동 까지 늘어났지만 그땐 통틀어 그냥 가좌동 하면 되던 때다.

동네이름을 보면 윗말, 아랫말, 감중절, 보도지, 건지골, 능안 염전이 전부다. 윗말에서 제일 밥술이나 먹는 사람이라면 심재갑 씨, 그리고 몇몇 박가들. 감중절에 부자라면 지금 새마을 금고 이사장 이효섭 씨 일가가 땅마지기나 있었고 재천이 형님네가 꽤나 풍족히 살았는데 아들들의 재산관리가 부실해 쪽박 차고 또한 양창석씨도 밥술이나 먹었고 건지골에 서 씨 일가가 호기를 부렸었다.

잠깐 석남동 번지기로 가 보자면 나봉윤 씨가 꺼떡거렸고 박암에서는 강춘삼이, 신현동 새우고개에서는 윤 씨들이 떵떵거렸다.

가정동에서는 조 씨 판으로 조 씨들이 손바닥을 폈다 오무렸다 했다.

기억에 남는 그들이 지금은 다 어디서 어떻게들 살아가는지.

일제가 낳은 검정 통나무 다리 오두물은 이상하게 각성(各姓) 패가 모여 살았고 석남학교를 지나 한참 가다 보면 지금 경서동 예전엔 산밑에 라고 불렀는데, 거기엔 길옆으로 대장간이 서너 개 죽 늘어서 있었다. 농사꾼은 어느 동네에 살던 다 이곳에서 괭이나 삽, 도끼, 볕, 쟁기, 호미, 농기구를 벼려다 썼다.

인상적이고 기억에 남는 한 가지가 있다. 윗말 심재갑 씨 대문 앞 삼거리엔 엄청 큰 연자방아가 있었다. 아마도 소가 끓었던 것 같다. 연자 맷돌이 심 씨 가문의 곡창을 말해주고 있었던 것 같고 동네방네 공동 방아가 아닌가도 싶다.

심 씨 집의 마당은 엄청 넓고 위용을 자랑하듯 버티고 선 골기와 집, 당시 유일하게 대학물을 먹은 인텔리로서 후일 국회의원 출마까지 했었으나 낙선 패배 장군이기도 하다. 아무튼 가좌동에서 난놈하면 심재갑 하나였으니까.

종태네 집 앞서부터 올라가야 하는 해명재 고개를 넘으려면 숨이 턱에 닿았다. 키 작은 소나무 사이로 이리 구불 저리 구불 물결처럼 넘어서면 산등성 넓은 잔디밭이 나온다. 샛길 삼거리가 있다. 겨우 사람만 다녔기에 30cm나 길 폭이 될까.

하나는 건지골과 장고개 가는 길.

하나는 동사무소 내려가는 길.

또 하나는 열 우물 쪽으로 내려가는 길. 세 갈래 쪽 길이 있는 이곳 등성이에 서면 훤히 인천 앞바다가 한눈에 들어오고 주안 염전, 약산, 월미도, 팔미도가 한눈에 있었다. 솔솔 부는 바람에 신선한 공기는 만병을 치료해 주듯 싱그럽고 기분 좋았다. 융단 같은 잔디위에 눕고 싶었다. 하늘은 맑고 청명했다. 가슴 탁 트이는 이곳에 나는 자주 오를 수 있었다.

일부러 오지는 않았지만 산자락 아래에 동사무소가 있고 방앗간이 있었기에 비료 배급이라든가 공무적인 일, 수수 조 보리방아 등등의 관계로 자주 오르는 편이고 나무지게를 지고 나무를 하러 다니기도 했다.

기분 좋은 산등성이는 나를 슬프게 했다. 너무 기분이 좋아서일까. 아니면 내 생각이 많아서 일까. 그것도 아니면 잠재적인 나에 어떤 무한함의 표출이 실현되지 못하는 마음 아픔에서 일까. 어려서도 나는 노래를 하면 가끔 울었다. 그냥 나도 모르게 눈물이 나곤 했다. 이해할 수도 없는 감성이 있었나 보다. 지금도 하숙생이라는 노래만 하면 눈물이 나긴 하지만.

어쨌건 난 여기 산등성이에서 지금은 지난 일들이지만 그 꿈들을 여기서 키우고 또 키우고 하지 않았나 싶다.

나는 지금 글을 쓰면서 내가 지금 거기에 있고 지게 가득 비료를 짊어지고 해명재를 내려오고 있다. 행복한 순간의 영상이다.

무거운 비료지게는 어깨를 짓누르고 허리를 짓눌러 다리를 무감각케 한다. 종태 네 수수밭을 지나고 창석 씨네 고구마 밭을 지나고 작은 아버지네 콩밭쯤 와서 지게를 쉰다. 서너시 경이나 됐을까. 해 기울음이 역력하다. 이제 집에까지 2/3는 온 셈이다. 능안 고개에 이르러 또 한 번의 시원한 앞바다를 보면서 쉰다.

어머니께서 저녁밥을 지으시나보다. 우리 집 높은 굴뚝에서 연기가 펑펑 쏟아져 나온다. 권현이네 굴뚝에서도 연기가 난다. 그런데 옥례 네 굴뚝에선 연기가 나질 않는다. 저녁거리가 떨어졌나 보다.

옥례 네는 늘 궁핍한 생활고로 때를 거르길 다반사였다. 일 년 내내 밀장 국으로 산다고 해도 거짓이 아닐 정도로 가난했다.

농사래야 고작 산 밑자락을 일궈 볼기짝만한 땅 뙈기에 키 큰 호밀을 심은 것이 전부이니 천상 남의 품이나 팔아야 하는데 그 당시만 해도 남의 농사일 아니면 일자리도 없고 유일한 돈벌이 장소라면 염전 하나뿐.

강화 교동에서 시집온 광현이 엄마의 고생이 말이 아니다. 뜨거운 여름에도 어린 광현이를 들쳐 업고 깡통에 솥을 걸고 불을 때며 칼싹댁이나 밀장국을 밀어 애쓰는 모습이 늘 어린 내 마음에도 안됐다. 옷은 땀에 젖어 철떡거리고 물 잔등에 업혀 있는 광현이는 보채 울고 누가 좀 돌봐 주었으면 좋으련만. 시누 하나 있는 옥례는 아가야와 점례가 하나 되어 놀러 다니기나 하고 시아버지래야 장죽이나 물고 인정머리 없이 애하나 안 봐주는 신선에 사주나 보고 신발이나 기우는 나와시 영감이다. 생전에 일이라는 걸 모르고 어영부영 늙어버렸으니.

큰아들 기학이 역시 유전인가. 어정어정 인생에 그나마 착한 기홍이는 염전이나마 다니면서 살림에 보태니 밀가루나마 먹게 된 것이다.

기홍이 밑에 금례누나는 식모살이로 집 떠난 지 오래 이고 결국은 나락에 빠져 잡 인생으로 애비 없는 자식까지 낳아 집에 틀어박혀 지내더니 나룻 터 가는데 경삼이네 옆집 덕삼이네 건넌방을 얻어 형과 살림을 차렸다.

과부 집에 형이 드나들고 있었다. 어머니는 큰일 났다 싶어 노심초사 조바심하셨다. 형은 아예 거기에서 살았다. 집에 일은 태산인데 형은 금례에 빠져 집에 올 생각은커녕 일 따윈 아예 안중에도 없는 듯 내남보살이었다. 어머니는 안절부절 끌탕을 하셨다. 그 후 옥례도 바람이 나 집을 나가더니 겨우 술집 작부로 전락했다. 금례와 형 사이는 오래 가지 못했다. 잦은 다툼으로 노냥 악다구니를 쳤다.

도대체 장손이 돼 가지고 왜 정신을 못 차릴까. 여름내 나가 있다가 가을이면 들어와 겨우내 놀고먹다가 일할 봄이면 집 나가고 시계포 하는 하원 네 점환 노릇도 했다했고 현대극장에서 껌 판을 들고 다니며 반지 낀 손으로 딱딱 치며 객석을 오가며 껌 과자를 팔았다.

그렇다고 1원짜리 하나 보탠 것 없는 걸 내가 알고, 어쩌다 들어오면 갖은 신경질과 발길질로 무쇠 솥이나 깨고 때로는 숫돌에 칼을 갈며 살기로 겁을 주었다. 그 갈 던 칼이 결국은 진성이 외삼촌 병구의 어깨를 찔러 난리가 난 적이 있다.

동네에서는 깍쟁이 패로 소문이 났고 허자, 어머니 아버지 속이 얼마나 썩었을까. 동네사람들의 걱정이 태산 같았다. 일찍이 술 배우고 담배배운 그야말로 내 형이지만 꼴불견에 가관이었다. 게다가 이 여자 저 여자 형수가 풍년이었다. 나만 아는 형의 이기심(利己心). 가문의 질서를 어찌 지키겠는가. 이렇게 되기까지에는 아버지와 형과의 관계가 불 상극(相剋)인 원인도 있긴 하다. 그러나 열손가락 깨물어 안 아픈 손가락 없듯 사랑하지 않는 자식 없는 것이 부모이고 안 맞으면 맞추어 가는 편이 더 현명하고 똑똑한 게 아닌가. 자식으로서 부모 꺾으려고 오기로만 똘똘 뭉쳐 푸념하고 경계하면 이건 부자간의 비극일 뿐이지.

꾀죄죄하니 집 나갔던 형이 돌아오면 어머니는 따뜻한 밥을 지어 정성을 보이셨고 마음 아파 하셨다. 꾸중이라도 했으면 속 시원하련만 그러지도 못하셨다. 감히 비위라도 건드렸다간 또 무슨 난리가 날까 두려워서다. 이렇게 자식 앞에 부모가 기를 못 펴고 위세를 당하고만 있으니 천륜(天倫)이 뭔지 기가 막혔다.

나에게도 형은 늘 못마땅한 존재였다. 언젠가 여름날 마루에서 무슨 말 끝에 내가 화가 나서 뭐라고 했더니 마루에 있던 숯다리미를 내게 집어 던져 피하긴 했는데 다리미가 항아리에 맞아 박살이 났다.

맞아 죽으라고 집어 던진 다리미가 엉뚱한 항아리를 깼으니 약이 올랐던지 이번엔 낫을 빼어 손에 들더니 찍어 죽인다고 쫓아와 기겁을 하고 완주네 방으로 뛰어 들어가 몇 시간 만에 나온 치욕적인 사실이 있었다. 매사를 그르치고 미운 짓거리만 하는 형이 차라리 없었으면 편안할 텐데 집안에 도대체 도움이 아니 되는 형.

이해심 없는 성질의 형은 어딜 가도 오래 잊질 못했다. 석가모니가 보리수나무 밑에서 참을 깨닫듯이 형도 뭔가를 뉘우침인지 신앙생활을 하겠다고 멀리 소사에 있는 신앙촌에 주일이면 나갔다. 자신의 불신을 뉘우치기라도 하는 듯 했다. 밥상머리에 앉으면 십자가 성호를 가슴에 그리고 병에 담아온 향수를 식구 밥그릇마다 조금씩 부어 주기도 했다. 당시 루머로는 향수라고 담아오는 그물이 신앙촌 박 장로(長老)의 발 닦은 물이라고들 했다. 형의 신앙도 얼마 못가 흐지부지 되었다.

그러다가 사랑방에 세 들어 살게 된 아이 이름이 리노인데 그 애 아버지와 동행이 되어 석남동 천주교에 같이 나가기 시작해서 안드레아라는 영세를 받았다.

형식상 하나님의 제자가 된 셈인데 달라진 건 아무것도 없었다. 집안에서는 잠자는 호랑이었기에 잠이 깨는 것을 두려워했다. 만병에 백약이 무효라고 반성을 하거나 고분고분 하는 모습이라는 건 사전에 없다. 세 동생과 나 어머니 아버지만이 있는 집, 형이 없는 세월이면 조용했고 편안했다. 형이 있으면 가족이 다 모여 기쁘다는 생각보다는 오히려 불안했다.

집안의 평화를 빼앗아 독식하는 그런 희열을 느끼는 것이 형의 유일한 낙이었던가 싶다. 해가 져 보금자리를 찾는 새처럼 어느 날 어슬렁 빈털터리 신세로 돌아온 형은 버릇을 고친 듯 집 나갈 줄을 몰랐다. 이유는 간단했다. 이 씨 종답에서 떼어준 몇 평의 땅 판 돈이 있기 때문이다. 어머니 아버지를 졸라 뭘 해 보겠다고 눈치작전을 펴는 중 같았다.

아니나 다를까 자식이 잘 되어보겠다는데 마다 할 부모 어디 있겠는가. 돈은 형의 손에 들어갔다. 어수룩한 건 어머니 아버지였다. 아니야, 아니야! 나는 머리를 내 저었다. 줘서는 아니 되는 돈이었다. 운수업은 언제 해 봤던가? 집 뒤에서 노란 코로나 택시가 빵빵 거린다. 관심도 없었다.

이 택시를 가지고 충청도까지 가다가 피해를 주었다는 후일 이야기. 황새가 봉황의 깊은 뜻을 못 헤아리듯 생각 없이 차는 어떻게 했는지 종무소식이고, 양계를 한답시고 큰 사랑방에 수 백 마리의 병아리를 집어넣고 온도를 맞춰 줘야 한다면서 군불을 쳐 때서 삶아 죽이다시피 그렇게 죽이고 콧병 들어 죽고 피똥 싸서 죽고 이리 버리고 저리 파묻고 원내고 좌수내고 형 마음대로였다. 어리고 어수룩했던 나와 내 동생들, 어머니 아버지는 도대체 뭐가 뭔지 눈만 멀뚱멀뚱 거동만 볼뿐 이의를 달지 못했다.

기막힌 돈이 사그라지는걸 보면서도 유일하게 큰소리 칠 수 있는 건 아버지뿐. 쯧쯧쯧 혀를 찰 수 있는 것도 아버지였다. 아버지와 형은 물과 기름 이었다.

그런 아버지가 침묵을 지킬 때는 모든 걸 포기하셨던가 싶다. 잘되겠지 하는 마음도 있으셨겠지만 단돈 몇 푼씩이라도 저마다 몫으로 나눠 줬으면 합당한 분배였건만 왜 한입에 털어 넣었는지 이해가 어렵다. 얼마에 사서 얼마를 밑졌느냐, 그 돈이 얼마나 남았느냐, 그 누구도 묻지 못했다.

결국은 10원짜리 하나 없이 혼자 다 이러구 저러구 거느릴 동생 수북한 장자(長子)여, 택시도 없고 병아리도 없는데 아버지는 왜 홍이 나실까. 열 두 칸 커다란 사랑방에서 들려오는 아버지의 어랑타령이 소나기와 화합을 이루는 밤이다.

아버지의 마음은 다 비어있었다. 속상함을 달래는 한풀이 노래였다. 사내끼는 수십 발이 꼬아져 서려있다. 손바닥에 침 뱉어가면서 새끼 꼬는 아버지의 손놀림은 기계였다. 싹싹 버거운 소리와 함께 사내끼는 점점 더 길어졌다.

이 사내끼로 아버지는 멍석 둥구미 삼태기 방태기 등을 기가 막히게 만들어 내신다. 맷돌도 잘 쪼으시고 목공일도 척척 만능재주꾼이 바로 아버지셨다. 이런 아버지 밑에서 새끼 꼬는 법 제대로 배우지를 못했으니 안타까운 일이다.

지금은 이북 땅이 된 장단 우근리라는 곳이 아버지의 고향이란다. 낫 놓고 기역자도 모르는 문맹(文盲)일망정 아버지는 얼굴이 해사한 미남에 호인으로 총기가 좋으셨다. 글줄이나 배웠으면 몽땅 선비인 것을 어영 건달로 글하나 못 배웠나 보다.

각 성씨(姓氏)마다 조상에 대한 내력이라던가 당대 벼슬까지 주욱 열거하시는 아버지의 총기는 신기하기만 했다. 마치 유식한 역사학자 같았다.

이에 뒤질세라, 어머니 역시 매사에 걸림 없는 선철(先哲)함으로 아버지에 못지않으셨고 알뜰하고 정갈 하셨다. 콩이나 팥, 수수 등 잡곡을 이시고 인천으로 가셔서 팔고 오실 땐 으레 우리들의 먹을 것을 사 오신다. 찐빵 눈깔사탕 이게 전부지만 더러는 사과나 떡을 사다 주셨다. 그리고 살이 포동포동 빛깔이 번질번질한 싱싱한 생선을 사오셨고 갈치를 더 많이 사오셨다. 우리가 어쩌다 쓸 수 있는 용돈도 어머니 수중에서 나왔다. 은백색 갈치의 그 비릿한 냄새는 지금도 향기처럼 코끝에 와 닿는다.

어머니가 즐겨 사오시던 유일한 생선, 갈치의 그날 그 맛은 이제 없다.

제14장

[빈 수레만 들고]

오복(五福)이란 신이 우리 인간에게 내린 특별한 선물이다. 살아생 전 재생의 기회는 세 번 있다고 했고 인간사에는 사주팔자라는 것이 등록 상표처럼 저마다 있다고 생각한다.

휘영청 달 밝은 밤에 장독대에 정한 수 떠 놓고 실성한 사람처럼 두 손을 부비며 집안의 평화와 자식의 운을 빌어 주던 허리 굽은 어머니의 간절함. 이러한 토속 전례의 미신이 곁여된 허무맹랑한 소리가 아닌가 한다. 믿을 것도 못되고 믿어서도 아니 될 그런 것들이다.

그러나 일부 사람들은 급박하거나 불안할 때 굿을 해 대고 토정비

결을 보며 궁금해 하고 씁쓸해 하며 사주팔자 점괘에 울고 웃는 해프닝도 저지른다. 답답하니까 지푸라기라도 잡으려는 듯 물에 빠진 삶이 돼 보는 것이다.

늘 궁색한 나의 생활. 진력이 나는 나의 짜증스런 세월은 차라리 고통이다. 맞아 아픈 것은 잠깐이건만 찌든 마음의 아픔은 질기게 오래가기도 한다. 게으르지도 않고 하면 열심인데 왜 그런지 나는 늘 빈곤하니 말이다.

나에겐 그야말로 오복은 커녕 세 번의 기회도 없다는 게 아닌가. 이제 불혹(不惑)의 나이에 쪼들리고 구차한 생(生)에 투정을 부려 불을 끄고 캄캄한 천정을 올려다보는 내 심사여, 한숨 또 한숨뿐이다. 복이라고는 눈곱만큼도 없는 지지리도 못난 인생. 나 자신의 무능이 밉다.

아침 해돋이에도 필줄 모르는 나팔꽃, 연 꼬리처럼 늘어만 가는 부채(負債), 방향 없이 불어 대는 바람이 머리를 감싸 쥐고 주저앉는다. 속은 타고 멍들어서 숯덩이가 되었고 속앓이 마저 생겨 겉만 멀쩡한 중환자가 되었다.

반쪽이 만나서 하나가 된 것이 부부가 아닌가. 백지장도 맞들면 가볍건만 이것도 내 복이 아니어서 그냥 들러리 나그네 일 백년지기가 아니어서 미쳐 버린 건 나였고 오를 수 없는 담벼락이 내 앞을 가리니 나는 어쩌란 말이냐? 가도 가도 끝이 없는 외로운 길 나그네 길. 외로운 길이 나는 싫다. 혼자는 너무 쓸쓸하니까.

깍깍 까치가 울어대니 오늘은 반가운 손님이라도 오시려나. 웬 복에 손님이 올꼬. 도끼눈에 목에 핏줄을 세우고 닦아 세워 등신을 만든다. 칼로 배를 갈라 창새기를 빼서 훨훨 집어 던진다. 눈에는 눈물 대신 뻘건 핏덩이가 쏟아진다. 세상은 온통 황금색으로 눈이 부셨고 하늘은 불타고 있었다. 어허, 미련한 중생 소금 터미지에서 싹 트기를 기다리느냐? 쯧쯧쯧, 공짜는 머리털을 뽑아내느니.

실망은 너 자신의 나태를 부르는 적이니, 예서 머물지 말 것을 아니 누가 그걸 모릅니까. 알고 죽는 게 해소 병이라고 해도 아니 됨을 어쩌란 말이요. 뿌리 뽑혀 시들어 가는 들풀이 돼서는 안 된다. 내 두 이름자 기억하며 가슴에 남아 주는 사람들이 모여든다.

제15장

[완벽할 수 없는 인생]

태초에 인간의 모습은 털북숭이에 꼬리가 있는 흉한 몰골의 고릴라 형상이었다. 영화 속의 산적(山賊)은 동물의 가죽으로 옷을 지어 반 어깨만 걸친 차림으로 등장한다.

원시인 역시 그런 차림에 긴 나무창이나 묶여진 돌창을 들고 있다. 처음엔 생고기를 먹던 그들이 불을 이용할 줄 알면서 구워 먹는 법을 배웠고 밭을 일궈 식량을 얻어내는 지혜를 짰다. 뒤이어 진화되고 깬 인간은 철을 이용할 줄 아는 철기시대를 맞으며 농기구를 만들어 쓰고 공동체를 이루어 군락을 이루어 살게 된다. 인간으로서의 삶에 모습을 키워 문명세계인 오늘에 이르기까지 도화선 역할을 해 준 그들로부터 우리가 오늘에 이른다.

인간의 진화론에 대한 학술적 연구나 역사적 탐구는 해보지 않아 아는 건 많지 않지만 국민 학교시절 '사회생활' 에서 읽은 기억으로 요기까지가 내가 아는 전부이다.

도대체 인간능력의 한계가 어디까지인지, 능력이 커 갈수록 세상이 무서워진다. 능력이 지나치다보니 재앙을 불러내고 당하면서 인간은 왜 끝을 모르고 달리기만 할까. 세 끼의 밥과 딸린 식구들을 위해서 본능적으로 뛰기만 하는 걸까?

완벽하려 하지만 완벽하지 못한 것이 사람이 아닐까? 세상의 발전은 여러 사람이 만들어 내는 것. 세상을 편하게 만든 사람들. 그들은 완벽한 사람들일까? 잘사는 사람은 천재이고 못사는 사람은 바보 그 자체인가. 똑같은 사람으로 태어나 누구는 부를 누리고 어떤 사람은 힘들어해야 하는지.

죽어라 열심히 땅을 파도 금덩어리는 안 나오고 수고만 하는 사람. 차라리 가난한 바보가 내 운명인 듯 욕심을 버리자. 시대를 초월해서 털북숭이 원시로 돌아가자. 탐욕을 버린 지 오래다. 욕심은 나에게 어울리지 않으니까 살아생전 먹고 쓰는 정도만 되면 신선이 어이 부러우랴. 잘난 놈도 밥 세끼, 못난 놈도 밥 세끼. 십시일반이더라. 에라, 푸념이나 하자.

우리가 선조로부터 물려받은 유산이라면 알량한 역사와 이골 난 가난뿐이다. 무엇이든 많이 먹고 배만 부르면 그것이 행복인줄만 알던 시절. 산모가 젖이 안 나와 어린 것은 보채 울고 자신의 가슴을 치며 지아비들 원망하는 여자들.

말이나 돼지 사료인 말분가루 밀 껍데기로 개떡을 쪄 냉수와 배를 채우고 양조장의 모주 술지게미를 밥 대신 푹푹 끓여 온 식구가 퍼먹고 나면 애나 어른이나 술에 취해 밥상머리에 널브러지는 기막힌 광경. 좁쌀 한주먹으로 가마솥에 물 한바가지 들이붓고 무시래기를 넣어 멀건 죽을 쑤어 훌훌 마시면서도 불평 없던 우리네 인생살이의 기막힌 아픈 세월들. 어머니 아버지들이 배가 곯았던 환란의 세월. 그런 시절에서 헤어나지 못하는 지금. 나는 왜 완벽할 수가 없을까. 오줌 똥 못 가리는 질서 없는 지금의 생활이 가히 가관이다. 풍요로우면 보기도 좋을 텐데.

종치는 언덕배기 교회 밑에 카우보이 목장을 꿈꾸던 상큼한 꿈도 새가 되어 날아가고 아무것도 잡지 못 한 혼돈(混沌)의 그늘에 나는 이렇게 삽니다. 어이구! 불쌍타. 말해 줄 사람 없고 나 혼자 서야 하니 꺼벙한 내 인생이여 나는 솜사탕입니까? 요란한 빈 수레만 끌고 가니 말입니다.

굴레에 갇힌 자여,
생의 늪에 빠진 자여,
제 힘에 겨워 주저앉은 자여,
다시 일어나라 아버지가 지어 주신 거룩한 영혼의 이름으로
기쁜 마음 모아 가뿐히 일어나라.

고개 들어 위를 보라.

희망이 보이지 않느냐?

나는 위대한 사나이니라.

나약한 망설임이 무엇이더냐?

섬광을 발하며 떠오르는 태양을 보라.

거룩하지 않느냐!

의욕과 힘이 솟지 않느냐!

졸장부여, 그대 가슴에 희망이 있으니.

제16장

[작은 애국심]

사람이라면 너나 할 것 없이 안정과 평화를 추구하며 행복하기를 원한다. 저마다 주어진 삶에 최선을 다하고 남보다 나은 생활을 영위하기 위해서 기발한 아이디어를 창출하고 밤잠을 설치며 치열한 자기와의 전쟁을 불사한다. 나 자신은 물론이며 사랑하는 아내와 자식을 위해서 어쩌면 본능적인지도 모른다.

유(有)는 행복 속에서만이 매달리는 아름다운 열매다. 무(無)는 허무하고 맹목적이며 나약한 인간을 힘들게 한다.

이 나라는 국민을 보호해 줄 의무가 있다. 국민이 나라를 신뢰하고 믿고 따라줄 때 국가 발전의 원동력이 되는 것이고 이에 힘입은 국민은 나라와 함께 하며 자신의 일에 더욱더 정진하게 되는 것이다.

민심이 술렁이는 우리 정치사의 악순환. 지도자의 정치적 리더십도 문제가 되지만 잘 할 수 있게 만드는 휘하(麾下) 직(職)의 파이팅이 더 절실하다. 고로 국민은 세금 잘 내고 국법에 위배치 않으며 만들어진 법과 질서를 논리정연하게 잘 지키면 애국이요, 담배꽁초 휴지 하나 아무렇게나 버리지 않음도 애국일 것이다.

"토박이 형님, 이번 선거에 아무개가 나오는데 동네 사람 좀 모아서 술잔이나 대접하시지요. 이거 몇 푼 안 됩니다만, 좀 부탁드립니다."

"야! 이 사람아. 돈을 보니 좋긴 좋으네만. 자네 아직도 이런 몰상식 사상(思想)으로 세상을 사는가? 부정 선거 철퇴! 돈 주지도 받지도 맙시다. 양심 어쩌구 허는데 자네 애국이 뭔지 아는가? 그리고 자네 이 나라 국민 맞아? 애국이라는 건 곧 생각과 마음이야. 나 하나쯤이야 어떠랴 남들도 먹는데, 나라고 까짓것. 이런 생각은 매국노나 다름없는 정부에 항변하는 패륜 국민일 수밖에.

자네 내가 써 붙인 선거에 관한 공고 못 봤나? 모두 감동하고 있어. 나 하나쯤이야 하는 안일(安逸)함이 사회를 어지럽게 하고 국민이라는 이름으로 나라를 우롱하는 거야. 돈 줘서 마음 뺏는 치다꺼리 쉽지 않지. 하는 일이나 하지 뭐 하러 이런 일을 해. 자네도 나도 이 나라 국민이요, 유권자야. 공명선거 위원회에서 국민에게 호소하는 소리가 뭔가? 공명선거 금권 배격 양심적 한 표, 이게 요즈음 구호이자 호소가 아닌가. 심판은 우리 유권자인데 돈 뿌려 된다는 보장 있어?

또한 살림 못하는 놈, 집구석 맡겨 놔봐. 맨날 쌀독이 비어 있어. 그걸 누가 채워야 될 것 같아 결국은 우리 몫이야. 재주는 곰이 부리고 돈은 중국 놈이 번다는 거. 당당히 실력으로 심판 받으라구 그래. 이미 유권자 마음속엔 누구라는 것이 정해져 있어. 애써 모은 가산 탕진하지 말고 냉수 마시고 정신차리라구 가서 일러. 그리고 내려가면서 내가 써 붙인 공고 한 번 더 읽어 보고 가라구.

이 사람아 똥 싼 강아지 모냥 뭉기적대지 말구 어서 가 보라구. 미안하네. 충고이자 면박을 줘서. 정의가 무엇인지 애국이 무엇인지 내가 아는 만큼 자네 마음에 심어 주니 내 마음이 흐뭇하구만. 에라! 이 거적을 쓸……."

제17장

[시베리아의 하얀 침묵]

이선우 선생님. 나는 정식으로 당신을 고발합니다. 당신은 우리들 몇 명을 가혹하리만치 차갑고 어두운 벌판 시베리아로 사정없이 매질하여 내어 몰았습니다.

별천지 시베리아로 유배된 우리들의 명단은 다음과 같습니다.

이상혁, 윤교환, 양재현, 김기석, 이환민, 허심. 여자애들은 봐 줘서 여기에 없습니다. 눈에 띄는 편견, 거 너무하지 않소? 여자애들 중에도 시베리아에서 떨어야 할 돌대가리는 여럿 있었는데.

복도 옆 벽 쪽으로 편 떡을 자르듯 몰아 앉혀 놓고는 손가락질 하면서 "돌대가리 시베리아 벌판" 끌끌 혀를 찼지요. 인권유린에 모욕과 학대와 차별, 4개항의 죄목으로 자그마치 20년은 중형으로 때워야 우리들의 직성이 풀리고 마음의 상처에 대한 보상이 이루어집니다. 당신은 교육자의 신분을 망각한 패륜 선생으로 지탄받아야 합니다.

선생이면 선생다워야지, 선생님으로서의 인격이 당신에겐 어울리지 않소이다. 선생으로서 왜 사랑과 인격으로 우리들을 안아 주지 않았소이까. 교육자의 임무와 역할이 무엇이라는 것을 머리가 아둔해 모르셨습니까?

당신은 우리들의 담임선생이 분명했습니다. 우리들은 당신의 제자이지요. 국어책 하나 제대로 못 읽느냐며 타박만 하시고, 우리에게는 한 번도 읽어 보게 한 적이 없었습니다.

천만에 그게 아닙니다. 나는 그게 아니었습니다. 딴 애들은 몰라도 집에 오면 책을 무척이나 잘 읽고 받침하나 틀리지 않던 나였습니다. 소리 나는 대로 쓰기에서 90점 받은 나를 몰랐습니까?

다만 아주 아주 수줍음이 많다보니 베짱이 없고 용기 없고 그것 때문에 많은 친구들 앞에서 책 읽기가 부끄러워서 시켜도 못 읽는다고 앙탈을 부렸던 것뿐입니다. 그것이 화근이 되어 나는 '시베리아' 로 유배된 왕따 미아(迷兒)가 되어 공부 못하는 아이로 낙인이 찍혔습니다.

나머지공부 시킨다고 우리들만 달랑 교실에 남겨 놓고 한번이라도 들어와서 설명하고 가르쳐 준 적 있소이까. 철없고 어린 우리들이라고 당신 멋대로 선생이라는 이름으로 행패를 부려도 되는 겁니까? 우리들은 창피한 것도 느끼지 못하도록 떳떳했습니다. 변소청소 교실청소 이건 왜 우리들의 몫이었는지……. 당신을 지탄하겠소. 지금 같으면 어림없소. 선생 아니라 더한 것이라도 용서치 않았을 것이요.

졸업식 날 나는 눈물을 흘렸소. 당신과 헤어지는 게 서운해서가 아니라 많은 한반 친구들과 헤어진다는 게 서러워서 울었소.

당신의 잘못된 교육방식이 우리들 졸업 후 다른 아이들에게 전수됐을 것이니 가히 짐작이 가오. 그런 방식의 교육은 아니 됩니다. 일정 때 왜놈이 조선 사람을 미워하던 때 교육방식이 바로 그런 방식이요. 선생의 매는 사랑의 매로 통해야 하고 때려도 종아리를 때려야 했는데 당신은 종아리 대신 손바닥 대신 우리들의 머리통을 때렸소.

당신의 생각과 눈에는 우리들이 멍텅구리로 보였을 것이오. 아주 모르는 취급당하다 보니 시키는 것 없어 좋았고, 귀찮은 것 없어 속은 편했소. 아예 알려고도 하지 않았고 아는 체도 하지 않았소. 이런 우리들을 무시하고 버려둔 당신의 머리통도 우리와 다를 게 뭐요?

화단청소 유리창 닦기……. 우리들은 당신 밑에 쩔쩔매는 억울한 노예였소. 선생 당신의 언행 중에 명언이 하나 있소. 아이들이 교실에서 시끄럽게 떠들어 댈 때 품위가 잘잘 흐르는 멋대가리 없는 소리로 성이 잔뜩 나서 '지랄땅을 친다' 고 호령한 명백한 사실 알고나 계시오? 돌 머리 아닌 '돌 머리' 로 대우 받던 나의 기억 중 하나요.

선생 당신은 저 세상 사람이 되었는지 만나본 적 없으니 모르겠소만 함께 늙어 가는 처지에 큰 악의는 없소. 비교육적인 당신의 능력을 나무란 것뿐이니 가히 서운타 생각 접으시오.

39년 전 눈 덮인 시베리아는 해빙이 돼 꽃이 피고 새들이 노래하는 그런 계절이 왔소. 이제는 그 모든 일들은 과거고 추억이요, 시간 속에 기억일 뿐이요.

나는 석남초등학교 제 11회 졸업생이다. 번지기를 지나 오드물을 지나서 산 밑에 자리한 학교, 왜정 때 일본 사람들이 놓았다는 검정 통나무 다리 두 개를 지나 황토 길로 들어서야 학교에 갈 수 있었다.

내가 잘못알고 있는지는 모르나 일제(日帝)의 때가 묻은 듯한 양식의 검정색 판자를 붙인 학교. 커다란 화장실 뒤편엔 쭉 곧은 왜송이 제법 빽빽한 채 새들이 노래한다. 반달형 산 밑 양지쪽으로는 엉성하게 지어진 피난민들의 하꼬방이 늘어서 있다.

산 밑이라 여기저기서 샘나는 곳이 많았다. 인공 연못을 파서 돌로 축대를 쌓아 꽃도 심고 자연미를 살린 5,6학년이 돌보는 연못도 있었다. 화단에는 각 반마다 정성 들여 심은 각종 꽃들로 이름표가 꽂혀져 무슨 꽃인지 쉽게 알 수 있었고 책임지고 가꾸어야할 애들의 이름도 적혀 있었다.

운동장은 엄청 넓었다. 봄이면 장관을 이루는 교실 앞 개나리는 학교의 상징이었다. 학교 옆은 냇가로서 큼지막한 아카시아 나무들이 우리들에게 그늘을 만들어 주었고 어쩌다 비라도 나리면 냇물 흐르는 소리는 공부에 방해가 될 정도였다. 비 온 뒤 운동장은 잔돌들이 붉어져 있다.

아이들은 공부보다 돌 줍는 일을 더 좋아 했다. 신나게 떠들고 돌을 줍다가 선생님의 호루라기 소리가 나면 모두들 '에이!' 하며 투덜댄다. 뒷산의 소나무 숲엔 새들이 많았다. 고무줄 총을 만들어 흔한 돌멩이를 주머니에 가득 주워 담고 누름치기로 새를 잡다보면 공부시간도 잊은 채 정신이 없다. 겁이 덜컹 난 우리들은 살금살금 교실에 다가가 동정을 살핀다.

선생님은 열심히 칠판에 뭔가를 쓰고 있다. 살며시 문을 열고 행여 들킬세라 아이들에게 쉿 소리대신 입에 손가락 하나를 대고 기어 들어간다. 겁나고 가슴은 뛰고 그러나 빈자리를 보아둔 선생님의 두 눈이 가만둘 리가 없다.

"이리 나와 너, 너, 너 저쪽 가서 손들고 있어."

걸상 들고. 우리들은 뭉기적거리며 체념한 듯 걸상을 높이 치켜들고 벌을 선다. 팔이 아파 죽을 지경이 된다. 요령을 핀다. 걸상을 머리 위에 얹어 놓는 요령이다. 그것도 잠시뿐. 높이 올려 고함소리에 두 눈에서는 눈물이 펑펑 쏟아진다.

겨울 교실 한가운데는 커다란 석탄 난로가 놓여진다. 점심시간이 가까워지는 11시경이면 아이들의 도시락이 하나둘 아파트처럼 난로 위에 층층이 쌓여 져 데워진다. 약삭빠른 아이의 도시락은 밑에서 너무 뜨거워 밥이 타고 맨 위 도시락은 얹으나 마나 찬밥이다.

난로 가까이 앉은 재수 좋은 아이들은 언제나 얼굴이 벌게 가지고 공부하고 우리들 시베리아 벌판의 아이들은 문 앞 구석이라 강 건너 불구경일 뿐 늘 추웠다. 발이 시리고 손이 곱아 사타구니에 손을 찌르고 오싹거림에 진저리를 친다. 하루씩 돌아가면서 난로 가에 자리

바꿈이 있었으면 좋았을 것을 바보 같은 교육자의 머리가 어디 게까지 미쳤겠는가.

능력의 한계란 어쩔 수 없음이니 39년 전의 동화 같은 이야기. 이제는 없던 이야기도 지어 낼 수 있는 지혜와 능력이 도를 넘은 경지에 이른 인생. 그는 선생이었다. 분명 선생이었다. 그에게서 배울 건 국어나 산수가 아니다. 존엄과 도덕 위상 사랑 진리 나눔 그리고 배려 차별 불신 이런 것을 배워야 했다. 감춰진 과거가 들춰지는 건 아름다운 것. 까만 밤을 하얗게 지새울 수 있는 갑론을박의 명화 같은 이야기로 생각하자.

"나이 들어 스승인 당신을 증언대에 세운 제자의 심정을 이해하겠소? 스승의 그림자는 밟지도 않는 존경의 대상임을 내 어찌 모르겠소. 동갑네 우리 반 친구들아! 철없는 코흘리개로 만나서 학교라는 울타리 안에서 잔뼈가 굵었지. 친한 놈 미운 놈 그저 그런 놈. 개구쟁이 김기석이, 말썽쟁이 고찬옥, 우리 반의 대표적인 문제아 히로인. 너나할 것 없이 어려운 시기에 태어나 배곯은 6년의 시간을 비가 오나 눈이 오나 함께 한 유년시절의 우정의 천사들이 아니던가.

여보게 동창생들, 정든 6년 고별을 끝으로 우리가 헤어진 세월도 어언 40여년이 되네 그려. 그간 어찌 들 지내는가. 꿈 많던 사춘기를 지나 세월과 약속이나 한 듯 우리 벌써 40 중늙은이가 되었네 그려. 그간 귀동냥으로 몇몇 친구가 빨리도 저 세상으로 갔음을 알고 마음이 아팠네 그려. 인명은 재천이라 하더만 그것도 아닐세. 끝까지 친구가 되지 못하고 생을 마감한 몇몇 친구들 하늘의 부름이니 어찌 하겠나.

산천이 네 번 바뀐 이 시점에 우리는 벌써 반백이 되어가는 노령의 문턱에 서 있네 그려. 그래 살아가는 의미는 어떤가? 하는 일은 잘돼 가는가? 다들 성공했으리라 믿네. 참으로 다행한 일일세. 자네들의 친구인 나는 세상 그림을 잘못 그려 다시 그리려고 지웠다 또 그리고 하다 보니 아직도 미완성의 그림으로 남아있네.

자네들을 앞질러갈 기약이었네. 여보게들! 건강이 제일일세.

재산을 잃으면 조금 잃는 것이고 건강을 잃으면 모두 다 잃는 걸세. 건강치 못한들 부와 명예가 무슨 소용인가? 그리고 아주 꼭 하고 싶은 말 한마디가 있네. 나에겐 고집과 고정관념이라는 게 있다네.

출세하기 전엔 나에겐 아무것도 없다고 해서 동창회의에 한번 참석치 못했네. 솔직히 자존심 때문이었음을 밝히네.

또한 시베리아의 낙인이 창피스러워서도 가지 못했네. 아무것도 내세울 것이 없지 않은가? 부가 있나, 명예가 있나. 초라한 내 마음 또한 가세했다네.

친구들! 자연의 섭리처럼 오묘한 우리네 인생, 자연의 이치와 다를 바 뭔가? 일기예보와 같은 인생, 오늘은 흐림, 내일은 밝음, 이런 진리로 사세. 새 지평을 여세."

제18장

[파도를 넘어 설 때]

나에게도 자살이라는 마지막 종말을 고할 용기가 있을까? 할 수 있겠지. 최후의 수단으로. 그러나 나는 최후라는 마지막을 생각지 못했다. 참고 이겨야 한다는 생각이 앞섰기 때문이다. 차오르는 감정을 주체하지 못하고 나약한 마음이었다면 나는 이미 이승의 사람이 아니다.

산전수전(山戰水戰)이라는 말이 지금 나에게 어울리는 말인지는 모르나 인고(忍苦)의 세월 속에 나는 아픈 만큼 성숙해졌다. 뭐든지 했고 할 수 있었다.

과거는 이미 흘러간 물, 나는 아직도 전환점에서 헤어나지 못하는 하나가 있다. 노래방에서 나는 그것을 확인했다. 내 나이가 지금 몇인가, 그게 무슨 상관이랴, 숨었던 집념이 망령처럼 살아 날 때 내가 왜 이렇게 되었을까? 가끔씩 도지는 나의 열병엔 특효약도 없다. 내 스스로가 의사이어야 하고 처방해야 했다. 터부하지 못한 꼼지락 내 성격이 나를 이대로 묶어두었는지도 모른다. 행운이여 이 못생긴 바보를 이대로 두시렵니까.

실낱같은 희망 하나에 은총을 주소서.

그러나 이건 어디까지나 나의 욕심일 뿐이지 될 수 있는 여건이 갖추어지지 않은 미완의 작품일 수밖에 없다. 능력이 우선이었지만 능력을 발휘할 수 있는 것은 금전적 뒷받침이었다. 나의 힘겨운 생활은 늘 IMF였다. 8개월의 실업자일 땐 밥이 없었다. 라면이 주식이었고 이웃에 있는 동생에게 손을 벌릴 수도 없었다. 형으로서 엄청 난 수치였기 때문이다. 살림살이 서툴러 고것밖에 못 산다고 비아냥거린들 무슨 할 말이 있는가. 과연 누가 나의 현실이 이 정도일 거라고 상상이나 했겠는가? 내가 이 동네 터줏대감이 아닌가. 10년을 넘게 장사한 나의 현실이 이 정도라면 누가 곧이듣겠는가. 그래서 더욱 답답하고 화가 나는 것이다.

눈이 갑자기 많이 못쓰게 됐다. 신경과민이 불러온 화근인 것 같다. 평생 두 부모님 모신 나에게 이 무슨 죄이랴. 그러면서도 7남매 동기간의 야속함을 떠올린다. 덮어 놓고 내가 잘 살아야 했다. 철모르던 어머니 품에 있을 적에 형제간이지, 살림 차려 자식 낳고 제각

각이다보니 저 살기에 급급하고 차라리 피 섞이지 않은 남이 더 나은 것을 느낀다. 야속한 건 잠깐이고 고리는 영원한 것이니 노여움 거두고 다 나 못난 탓이라고 말할 수밖에. 너나없이 어머니 아버지의 자손이 아닌가.

나는 늘 월미도 둘째 누님의 부모님 같이 따뜻한 사랑을 잊지 못한다. 없는 집안에 시집가서 등 굽게 고생하고 혼란의 세월을 꿋꿋이 살아주신 누님. 이제 환갑나이에 몸에 좋은 약재를 손수 다려 내 그 신세를 갚아야 하는데 어제나 오늘이나 돈 벌어 남 주다가 마는 급급한 현실이고 보니 늘 손이 붉을 수밖에. 두 분 어머니 아버지 비록 지금은 차가운 지하에 계시지만 두 분이 살아생전 인정하시던 월미도 누님의 효심. 당연히 자식 된 도리거늘 하겠지만 이미 출가외인(出嫁外人)이 아닌가. 누구하나 이런 누님 같은 사람이 없으니, 내 존경의 대상은 오로지 누님 한 분 뿐이다.

믿고 따라야 할, 우러러 부모님 대신 모셔야 할 형. 형은 지금 우리 집의 큰 별이다. 그러나 나와는 오랜 세월을 이산(離散)이 되어 격세지감(隔世之感)으로 앙숙처럼 지낸다. 잘못된 일이다. 내 모자란 부덕(不德)의 소치(所致)로 일관된 비극의 배은망덕인줄 알면서도 좀체 녹아내리지 않는 냉가슴은 나의 자존심 일 게다. 또한 형의 그릇된 처사가 내 마음을 얻지 못하는 것이다.

명절 때가 된들 부모님을 한번 찾아뵐까? 전화 안부는 고사하고 동창회 관계로 1년에 한번 내려 와도 이웃집 늙은이 대하듯 그냥 가 버리고 자식이 돼 가지고 어찌 그리 찰까? 부모를 원수로 대한 천인공

노(天人共怒) 할 누구에게 물어도 이건 도리가 아니다. 60년 인생의 형에 대한 커다란 오를 왜곡 없이 고발하고 싶어진다.

“미완의 인생을 살아가는 형, 생각 없이 형을 잊고 산 생각 짧은 이 동생의 서운함을 필히 헤아려 주세요.

형은 너무나 두 부모님께 자식 된 도리를 하지 못했습니다. 굳이 열거치 않아도 형 자신이 알 테지요. 그렇게 미운 부모님은 이제 없습니다. 미워 할 수 있는 그림자조차 없단 말입니다. 어머니의 장례가 끝나던 날 생각의 속도에 창의의 날개를 달 듯 나는 순간을 포착한 먹이 사슬을 노린 맹수가 되어 형에게 퍼 댔습니다. 계획하고 기다렸던 포악(暴惡)이었으니까 우애 없는 형제간의 말싸움에 막내가 서러워 울었습니다.

형! 형은 생전에 지은 불효 이제나마 사하려면 어떤 사람처럼 부모님 묘지 옆에 움막 짓고 시묘 살이 3년으로 용서를 빌어 못 다한 효를 마무리 지어야 됩니다.

형! 부모님은 생전에 못 먹고 못 입고 자신들의 입에 넣어야 할 맛있는 것을 우리들을 얼싸안고 입에 넣어 주셨습니다.

안 나오는 젖 빨리면서 진자리 마른자리 갈아 뉘시고 금이야 옥이야 깜짝 깜짝 놀라면서 쥐면 터질세라 놓으면 날을 세라 노심초사 자식생각뿐 평생을 우리들을 위해서 헌신하시고 봉사하시다가 너무 지쳐서 우리들을 멀리 떠난 것입니다.

그러나 지금도 어머니 아버지는 멀리서나마 우리들을 지켜보시고 계심을 알아야 합니다. 엷은 미소로 지그시 웃으시는 어머니 아버지가 저기에 계십니다."

제19장

[보이지 않는 따오기]

인간사 흥망성쇠는 나 하기 나름인 걸 왜 나는 이렇게 내 가난에 집착하고 잊어버리지 못 하는가 답답하다. 그 누가 무엇을 어떻게 잘못했던 그것은 남편인 내가 떠맡아야 했고 자식의 잘못 그것도 내 몫이었다. 나의 가난은 이러한 연고로 발단이 되기도 했다.

붙박이 가난에서 벗어나지 못하는 나약한 빈들, 재수 없는 가좌동 땅을 무엇을 못 잊어 못 떠나나? 볼 것도 기대할 것도 없는데.

에이! 일찍이 고향 떠난 사람들 속 시원하겠다. 나만 혼자 뎅그러니 남아서 쪼그랑 방탱이가 되어 질질 매고 있으니 실로 본의 아닌 푸념으로 담배를 빨아댄다.

일 백년지기로 초라해진 고향을 끝까지 떠나지 않으리라는 앞서의 고백이 나를 찔끔하게 한다. 지조 없이 왜 내가 흔들리는 걸까? 그러나 이 지옥 같은 가난에서 해방될 수 있고 평화가 손짓한다면 내가 무슨 수로 버티랴 싶다.

목마른 자는 물을 마셔야 하니까 떡을 썰며 훌륭한 아들의 장래를 걱정한 열정의 모정 한석봉의 어머니는 아들의 장래를 위해서 몇 번의 이사를 한다.

마지막 글방 옆에 이사한 석봉은 글에 심취하여 조선의 명필이 된 일화가 있듯 사람은 환경에 따라 살게 마련이라서 나도 내 마음이 흩어 질 때가 있을까 싶기도 하다. 삽 한 자루 호미 한가락으로 씨앗 부쳐 알량한 좁쌀됫박이나 얻으면 겨우 사는 그런 시대가 아니니 이런 염병할 놈의 세상 온 세계에 우리 쌀독은 완전히 비었소.

가난을 포고(布告)하고 국민에게 아픔과 시련을 선물처럼 안겨 주었던 김영삼 정부의 그릇된 정치 행각에 나는 더 멍이 들고 온 국민을 나라의 구렁으로 한꺼번에 몰아넣고서 난 꺼내 줄 자신이 없으니 김대중 당신이 꺼내 주시오. 단발마 한마디만 남기고 무능의 소치로 홀연히 떠나 버린 우리 고향사람들처럼 가버린 영삼 YS에게 경제오류 불가라는 이름표를 달아주고 싶다. 수준 높은 국민의 다변사에 할 말을 잊은 국가 정책 국민 편에 책임모면의 정치권은 국민들의 원성을 막으려 입막음으로 공공근로라는 타이틀로 억지 춘향이 일판을 만들어 겨우 민심을 가라앉히고 가치 있고 양심 있는 품위 손상을 무슨 방법으로든 만회해 보려하지만 돌아선 민심은 쉽게 돌아 올 수 없는 것. 이정부도 빚지고 사는 내 심정만큼이나 답답하리라.

국민의 혈세를 대책도 없이 써버리다니 당국의 조심성과 배려, 체계적 지출이 있었던 들 이 나라가 지금의 국면에 접어들고 국민이 어려움에 허덕이는 생소한 사건은 없었으련만 여기 내 고향 가좌동은 주위에 목재단지가 있어 살아남기 위해 각처의 다양한 사람들이 북새통으로 일자리를 찾아 모여 드는 곳이라서 집이 모자라고 전월세가 천정부지로 뛴다.

일정한 정착지가 아닌 관계로 사람들은 자주 바뀌고 뜨내기들로 살벌한 고향이 되어버렸다. 이제 옛 고향의 정취나 아련함 따위는 없다. 그저 나그네와 나그네뿐이다. 시장 통에서 어깨 스쳐 가는 그런 사람들뿐이다. 요즘 들어 부쩍 내 고민이 커졌다.

혐오스런 굴다리 밑에서 하루 몇 봉 남짓 팔던 뻥튀기 장사도 이젠 집어 치워야했다. 어떤 대안이 서질 않는다.

방향과 목적지 없는 황량한 벌판에서 날개 짓만 할 뿐이다. 가기는 가야 한다. 어디론가 가야 한다. 저 높은 산을 기어서라도 넘어 가야 한다.

제20장

[아픈 상처의 그림자]

아픈 기억으로만 남아야 할 25년 전의 결별의 아픔. 정신을 괴롭혔던 한때의 고뇌는 흐르는 세월 속에서 이제는 만화가 되었는데, 지금 다시 고뇌가 회오리와 태풍처럼 밀려오는 이유가 뭐냐.

그날의 아픈 기억을 내 생명과 인연을 맺게 했으면 나는 벌써 산사람이 아닌 망령으로 허공을 날았으리라. 남루한 초가에 몸을 묻는 주제에 개꿈을 하나둘 이루어 보자고 미친 듯 헤집고 다니는 한양길 나들이여! 세상을 내다보기 위한 젊은 날의 나의 기백은 싱싱했다. 고집스런 눈으로 세상을 바라보고 냉기로 얼었던 한설(寒雪)을 풀면서 내 인생과 세상을 연결해 본다. 인생의 고리는 나를 잡아당기고 있었다.

나는 여행길에 오른다. 화통의 기적도 힘차게 울린다. 나는 그야말로 백전의 용사였다. 찬란한 조명아래 나를 보았다. 스포트라이트의 큰 무대 위의 작은 내가 아니었다. 큰 거인이었고 희망 속에 갈채였다.

그들은 부질없는 생각에 회의를 느끼며 한탄한다. 내가 이겼다. 그들은 졌기에 고개 숙였고 자책하며 죄의식으로 절절맸다. 나는 술잔으로 그들 비아냥의 손을 씻어준다. 이제 새벽을 덮었던 짙은 안개는 걷히고 없다. 나는 아주 부드럽게 심화되어 미쳐 가고 있었다.

나쁜 사람. 평생 원망해도 좋을 사람. 조금만 더 참은들 우리는 더 행복할 수가 있었지 않았니? 내 너 부르는 소리 메아리 되어 네 귓가에 닿았어도 너는 귀머거리가 되어 나를 돌아보지 않았다.목 빼어 돌아보지도 않고 조심스런 밤길 걷듯이 앞만 보던 너.

황혼에 움츠러들고 자신감 멀어지는 50고개가 이다지 허무할 수가……. 이제 1년여 정들었던 굴다리도 떠나야 한다. 종로바닥을 주름잡던 김두한이나 거지왕 김춘삼도 굴다리 출신들. 정의를 앞세운 거지 의리를 겸비한 깡패. 밑바닥 인생이었으면서도 지각(知覺)과 도(道)를 잊지 않았다. 이제 그 굴다리 신화를 내가 깬듯하다. 내 인생은 마치 서부활극이다. 총잡이 건맨이다. 말을 타고 황야를 달려나와 결투를 약속한 사람이 있기에 나는 가서 그를 쓰러뜨려야 한다.

제21장

[그래도 내 사랑]

나의 제2 마돈나. 마돈나, 자네는 나를 서방으로 생각하며 절실한 사랑이라고 말할 수 있는가. 일백년 사랑의 원수가 되어 나를 포로로 잡아둘 수가 있는가. 일평생 생사고락을 우리의 운명이라 생각하며 어떠한 고행이 회오리 져 온다 해도 바람을 맞으며 환희의 눈물을 흘릴 수 있는가? 대쪽 같은 곧은 마음으로 여자의 일생이 무엇임을 헤아리며 난관에 봉착하여 절망이 눈앞에 있을 때 슬기로 대처할 수 있는 지혜는 있는가? 바라는 내가 무리라면 마돈나, 자네 마음대로일세.

신라 거문고의 달인 백결선생은 자신의 옷을 일백년 기워 입은 검소한 일화가 있다. 또한 조선초기의 명재상 황희는 벼슬에서 물러난 뒤 대타(代打)로 그의 아들이 정승자리에 올라 뜻하지 않은 선물을 가져오자 "네 놈이 벌써 재물을 알고 탐하는구나." 불호령을 내리며 임금께 자식의 파직을 상소한 일이 있다. 율곡이이가 마흔 아홉 젊은 나이로 세상을 떠났을 때 그의 집에는 곡식 한 말 남아 있지 않았다고 했다.

다산 정약용은 백성을 다스리는 수령이라면 모름지기 오직 청심(淸心)을 가져야 하노라고 주장했다. 이렇듯 나라와 국민을 생각한 욕심 없는 대통령으로 노심초사 국가 재건에 몰입했던 박정희의 구멍 난 여름 러닝셔츠의 일화도 아니 짚고 넘어갈 수 없듯 가난을 편하게 여기고 도를 천심(天心)으로 알아 윗사람으로서의 도량을 다한 옛 선비들의 안빈낙도(安貧樂道) 곧은 정신의 공직 생활상은, 부패가 일상화 된 오늘날 반드시 받아들이고 실천해야 할 표본이 아닌가 한다.

존경할 만한 인물들의 처신을 소상히 피력하면서 이런 정직함을 써내는 나는 과연 생각과 됨됨이가 어느 정도인가.

우선 사람은 사람다워야 한다는 게 우선이다. 행실과 언행이 조심스러워야 하고 정직하되 신의가 있어야 하며 부모에 효성스러우며 나라를 위해 자신을 희생할 수 있어야 하는 것이라고 나는 알고 있다.

모자라는 생각을 일깨워 주는 사람은 주위에 많다. 되도록 즐거운 분위기를 만들어 편안한 마음의 장을 한바탕 펼치고 행복한 오늘을 만들고자 노력한다.

담벼락에 액자하나를 걸더라도 마음에 들도록 반듯이 걸어야 한다. 내 생각에 침해자인 간섭은 싫다.

꾸밈은 예술이다. 거만이 아니고 생활이다. 서정적 꾸밈은 나의 개성이자 패션이다.

늘 같이 내 안에 있는 마돈나는 불평이 잦다. 내일이 마음에 안 들어서다.

여자다운 다정다감(多情多感)함과 애교 감성은 눈 씻고 보려야 볼 수 없다. 그리고 매사에 소극적이다. 전혀 의욕과 능력이 없다. 생각 없이 세상을 산다. 자신의 역할이 어떤 것인지 조차 희미하다. 백치(白痴), 돈이 무엇인지는 알고 쓰지만 쓰는 방법을 전혀 모른다.

서방 대접 한번 못 받아보고 사는 나도 불쌍하지만 여자로서 한 남편의 사랑을 독차지 하지 못하고 사는 신세 또한 가련치 않은가. 나는 늘 외롭다. 정이라든가 가까워지고 싶은 노력이 무산되는 소외 속에서 난 늘 혼자다.

내 부모에게 저지른 결례(缺禮), 용서할 수 없는 배은망덕의 소치, 매사 능력이 부족한 자여 능력이 없으면 잔꾀라도 있어라. 겉 번지르르한 가면이라도 써라. 깨어라 무제! 네 가능성을 거울에서 찾아라! 마흔 넷의 마돈나여!

제22장

[나의 어머니 아버지]

나의 어머니 나의 아버지, 그 깊은 사랑과 은혜를 어찌 이 자식들이 헤아려 다 갚으리오. 당신이 낳으신 우리 칠남매는 늘 차라리 당신 어머니에겐 애물입니다.

가지 많은 나무 어찌 바람 잘 날 있겠습니까? 일곱 자식 한마음으로 기르셨지만 그 자식들은 중구난방 여러 가지 성격으로 자랐습니다. 속도 많이 상하셨겠지요. 그럴 때면 어머니 당신은 회초리 대신 가슴으로 우리를 매질하셨습니다. 그리고 안쓰럽고 애처로워 소리 없이 우셨습니다.

노심초사 당신의 안위는 뒷전이고 밤이나 낮이나 저희들 생각에 곱던 얼굴도 검던 머리카락도 이미 예전의 어머님이 아니십니다. "그래 에미야, 어떻든 상관마라. 이 에미에겐 너희들뿐이야. 그저 밥 잘 먹고 건강해서 병치레 안하면 더 바랄게 없어." 말씀하시던 어머니 아버지. 차가운 북망산천에 집 지으시고 두 분 얼마나 외로우시고 적적하신지요? 사는 재미 잊으시고 일평생 두 분 고생만 하시다가 나약하고 병들어 슬퍼하시며 눈 감으시고 마지막 이별로 다시는 오지 못할, 다시는 뵙지 못할 저 세상의 넋이 되셨으니 이 자식 원통하고 애가 끓습니다.

이 밝은 세상과 저희들을 마지막으로 이별을 고하며 어둡고 습한 지하에 몸을 묻으시며 당신은 또 한마디 하셨습니다.

"울지 마러, 내가 가면 아주 간다던? 걱정 말고 눈물 닦어. 날 춥고 배곯으면 금방네 갈 걸 왜 그랴? 네 아버지를 잠시 만나보고 갈게다."

그러시던 어머니는 다시 오지 않습니다. 길이 많이도 막히는 가 봅니다.

오늘이나 오실까? 해가 지면 오시려나? 어머니 저는 어머니가 오시는 길목에 손전등을 들고서 행여 밤길에 넘어지실까 걱정하며 이렇게 서서 애타게 어머니를 기다립니다. 어머니 너무 보고 싶습니다.

저는 어머니의 전화번호를 모릅니다. 그러나 어머니는 제 전화번호를 아시고 계시지 않습니까? 왜 전화 한 통화 안 해 주십니까?

우리 집은 대식구였다. 어머니 아버지 두 분과 8남매. 그러나 내 위로 승이라는 형 하나가 홍역을 하다가 잘못되었기에 7남매가 된 것이다. 그래서 두 분 누님과 형, 내가 넷째가 되었고 내 아래로 남동생 둘과 여동생이 하나 있다. 칠남매 중 막내가 벌써 40고개를 넘긴 중년이 됐는데 8년 전 92세로 아버지 돌아가시고 99년 10월에 90세로 어머니가 돌아가셨다. 칠남매 손자손녀 다 보시고 사실만큼 사신 장수에 호상으로 가셨다.

아버지 생전에 얼핏 들은 말이 생각이 난다. 나 아주 어렸을 적에 사랑방에서 어느 분과 이야기 중에 아버지의 고향은 지금은 이북 땅이 된 장단 우근리가 고향이라고 하신 것 같다. 아버지 존함은 허 석인데 애 적 부르던 이름이 용식이라고 불렀단다. 아버지와 작은 아버지는 두 분 다 미남이셨다. 작은 아버지는 형인 내 아버지보다 자식들로 인한 속 썩음으로 일찍 자살이라는 불미스러운 한(恨)을 품고 홀연히 먼저 가셨다. 열녀(烈女)이신 작은 어머니마저도 며칠 후 같은 길을 가서 한 달에 두 번 초상을 치렀다.

작은 아버지 역시 칠남매를 두셨다. 형제분이 똑같이 약속이나 하듯 칠남매를 두셨으니 참 기이한 일도 다 있다.

아버지는 한 모금의 술도 못하셨다. 평소 사탕과 콜라를 즐기셨다. 살아생전에 여러모로 덕을 많이 쌓으신 분이시다. 인정 또한 둘째가라면 서러워하셨으니 그래서인지 자식들에게 어떤 괴로움도 주지 않으시고 며칠 누워 앓으시다 돌아가셨다. 인천누님과 나 그리고 어머니 셋이서 아버지의 마지막 임종을 지켜봤다. 아, 아버지…….

아버지의 영전에 받칩니다.

철의 종군 자식 난장 가문에
우뚝 서시어
한평생 뼈 깎으시며
가장으로 돌보시니
천만번 무너진 억장
어이 한이 안 되리오
새끼 사랑 부정 않고
궂은 일 힘겨워라
버선등 터지도록
허리에 걸머진 짐
짐 내려 이리주오
주름에 땀방울 걸리고
후줄근한 잠뱅이
구멍 나 초라해진 당신
아버지의 소산이여…….

어머니 우리 어머니

꽃길 따라 가마 타고
시집오시어
어제도 오늘도 수줍던 어머니
아들딸 칠남매
종살이 만고풍상
헤어진 삼베적삼
막대기손 마디마디
윤태는 어데 갔나
동백기름 아주까리
검은 머리 곱게 빗고
은비녀 쪽진 머리 내 어머니
발 끝 채이는 비단치마
사뿐히 오시련만
저녁에 해져도
오실 동 말 동 이내 물 깊은 고랑
돌다리 건너느라 늦으시나

어머니는 작은 키에 매우 건강하고 단단하신 분이다. 충남 공주군 정안면이 고향이시란다. 어린 시절 글방선생 훈장의 회초리가 무서워 글공부를 못했다는 어머니. 그러나 어린 아이가 낙서하듯 쓰는 글

씨체로 글을 쓰시고 성경책을 읽으신다. 완전 독학으로 엉금엉금 글을 익히셨다. 한마디로 매사에 선철하신 분이다.

일을 좋아하지 않는 아버지였다는데 예나 지금이나 가장이 부실하면 아내가 고생하는 법. 억척스런 어머니는 갖은 물건 다 머리에 이고 10리고 100리고 걷고 걷는 일명 만물상 박물장사도 하셨단다. 예전엔 십리에 집 한 채 있을까 말까한 농촌에 군락 이루어 사는 집단 동리를 찾아다니시느라 얼마나 고단한 다리품을 팔으셨을까?

해가 저서 오밤중에 집에 도착하면 아버지는 한밤중으로 알고 코를 곯고 계셨다니 걱정도 안쓰러움도 없었단 말인지. 어떻게 하던지 우루루한 자식들 배 곯리지 않으려고 고생인줄도 모르고 억척을 부리셨다고 오래전에 나에게 한 그 말씀이 생생하다.

토끼털 버선에 나를 들쳐 업고 6.25 당시 두 살 인 나를 업고 공주로 피난(避難) 갔다던 이야기도 들었다.

또한 나를 갖으시고 속앓이가 겹쳐 사경(死境)의 그늘을 사신 이런 이야기까지도 기억에 있다. 특히나 나는 어느 자식들보다도 더 어머니에 대한 아픔을 생각해야 했고 사랑했어야 할 자식이었다. 그러나 그 도리를 다 하지도 못했는데 저 멀리 어머니는 가셨으니 어머니 당신의 90평생 이렇게 허무할 수가 있습니까? 이 자식 살아생전 기억이나 하고자 생존의 그 날을 적어둡니다.

1999년 10월 11일 인천 길병원 입원.

1999년 10월 16일 운명.

음력 9월 8일 10시 30분 제집에 마지막 오셔서 산소마스크를 빼자 곧 운명하셨습니다.

어머니 당신의 생신은 음력 7월 21일 칠월 스무 하루.
아버지께서는 1988년 5월 23일 음력 5월16일 운명하셨습니다.
생신일은 음력 6월 26일 유월 스무 엿새.

먼저 가신 아버지 후일 뒤따라가신 어머니. 두 분 이제 한 봉분 밑에 합장되시어 이승에서 못다 이룬 부귀영화(富貴榮華) 누리시고, 그 많던 고생은 다 잊으시고 편안히 좀 더 편안히 사시기를 이승의 이 자식 슬픈 마음으로 명복을 빕니다.

어머니가 아프시어 병원에 입원한 운 없는 10월. 저 심이는 굴다리 밑에서 강냉이를 팔면서 병원에 계신 어머니가 걱정되어 무릎 글씨로 몇 자 적은 것이 있습니다.

지금 난 심난하고 슬프다. 갑작스런 어머니의 입원 때문에……. 90 노인 내 어머니. 사실 만큼 사셨지만 마누라 자식보다도 더 소중한 내 어머니가 중환자실에 누워계신다.

어머니 지금 가시면 아니 되십니다. 저는 떨고 있어요. 혁이도 린아도 시집 장가 다 보시고

천천히 가셔도 되지 않습니까?

저 어머니께 늘 핀잔도 화도 잘 냈지요? 그래도 어머니는 나이 50

줄 이자식의 푸념을 다 받아 주시고 다독거려 주셨습니다. 어머니, 이제 모든 것이 다 부질 없는 현실이 오는 것 같아 슬퍼집니다. 그리고 진정 후회합니다. 나 아니면 당신 혼자 밥 안 잡수시고 으레 저와 겸상을 하시던 어머니. 늘 노래처럼 하신 말씀, "너 잘사는걸 보고 가야 할 텐데." 그 말 앞이 거짓이었습니까? 어머니, 약속 합시다. 그 무서운 중환자실을 나오셔서 저와 겸상으로 저녁을 먹어야 되지 않겠어요?

제23장

[여름날의 추억들]

8월의 한낮 더위는 가마솥 찜통이었다. 냉수를 뒤집어 쓴 듯 주체할 수 없는 땀방울. 전기가 없었고 그러다 보니 선풍기가 있을 리 없고 부채질을 해대보지만 더 갈증 나고 훅훅 거렸다. 어지간히 더위엔 참을성 있는 아버지도 오늘 같은 날은 견디기가 어려우신 듯 휴휴 입휘파람을 부신다.

"어이구, 이놈의 날이 생사람 그치겠구먼 그랴!"

하시면서 참외밭 걱정을 하신다. 날씨가 너무 뜨거우면 참외가 익어 곯아버리기 쉬워서다. 오이 호박잎 줄기도 삶아 놓은 듯 후줄근하게 처져 있다. 불볕에 반은 죽어있었다.

이렇게 낮에 늘어져 있던 식물은 한밤이 되어 이슬을 맞고 회생하여 잎과 줄기를 너울거린다. 이렇게 힘들게 가꾸고 자란 농산물이 몸값을 한다면 모르지만 그렇지 못한 농사꾼은 농사밖에 모른다고 근본 하나일 뿐 대가에 대한 영리가 없다. 농토가 크고 밭이 많다보니까 안 심어 지는 것 없이 다 심어 가꾼다. 부추, 갓, 근대, 시금치, 오이, 호박, 참외, 수박, 옥수수, 강낭콩, 쑥갓, 상치, 무, 배추, 가지, 그 외 잡곡으로는 수수, 조, 보리, 감자, 토란이나 땅콩, 당근, 파 이렇게 작물이 다양하게 심어진다.

송림동 현대 극장 옆 새벽에 열리는 경매장엔 늘 야채 깡이 선다. 더러는 이웃 리어카를 빌려 끌고도 가지만 야박한 인심으로 빌리지 못한 때는 아버지와 나는 아버지는 지게에다 나는 대나무 치롱에다 나누어 짊어지고 깡에 나간다.

새벽부터 짐을 지고 깡이 끝나면 한나절이 가까워 오는데 집에까지 또 걸어서 오려면 허기가 져 능안 고개 넘기가 힘겨울 때가 한 두 번이 아니었다. 그런 것이 고생이라면 고생이고 추억이라면 추억이련만. 그런 배고프고 힘든 추억은 별로 기억에서 남지 않음이 좋을 듯싶다.

예나 지금이나 허리 부러지게 농사지어 봤자 본전 뽑기 어려운 건 여전할 뿐이다. 예전엔 소비도 적었고 소출도 적었다. 반대로 지금은 소비도 많고 소출도 증대됐지만 내 나라 농민이 지은 농산물을 내나라 국민이 소비시키기만 한다면야 농사가 지을 만 한 시절이 지금인데, 수입개방에 무진장 쏟아져 들어오는 각종 농산물에 전화위복은커녕 오히려 옛날 소비시대만도 못해 졌으니 농경 정책이 한심스럽다.

국록 먹는 공무원이 아니면 쌀밥 먹기가 힘들었던 그 시절. 농민이나 벌어먹는 서민의 생활은 늘 상 비참했다. 도대체 생활들이 필 줄을 몰랐다.

대농 말고는 소농은 늘 봄이면 식량이 바닥나 보리 고개에 이르면 배에서 늘 쪼르륵 소리가 났다. 오죽하면 겨우 물이 통통이 밴 풋보리를 베어 볶아서 갈아서 죽을 쒀 연명할까, 말 그대로 예부터 지겹도록 들어 온 보리 고개를 우리들은 보고 실감하며 살았다. 내 세대가 이러 했으니 수 백 년 전 선조들의 삶이 어느 정도라는 게 눈에 보인다.

찔떼기 소농가는 늘 쌀이 부족하여 있는 집에 장리쌀을 얻어 그해 가을에 다시 갚는다. 쌀 반 가마 장리(長利)를 얻으면 그해 가을 가마 반을 해 줘야 한다. 그때나 지금이나 없는 놈은 있는 놈에겐 늘 봉이었다. 있음을 핑계로 또한 횡포로 없는 자 피 빨아 먹은 놈들, 나중에 되는 일 하나 없더구만…….

당시 경기도 일대에 논은 1마지기가 200평이었다. 타지방에선 150평이 한마지기라고 하더라만 수렁논에 옥답이래야 겨우 제 평수 소출이 날 뿐 자갈논이나 다랭이 천수답 따위는 심은 그대로 늘 줄 모르는 꼬쟁이 소출 그대로였다.

아버지나 나나 기왕에 농사꾼인 걸 어쩌랴? 어디고 후미져 노는 물꽁댕이만 있으면 삽으로 파고 뒤집어 쇠스랑으로 고르고 해서 모한포기라도 꽂으려 기를 쓰다시피 극성을 부렸다. 의무적이긴 했으나 실제 이렇게 해서라도 어머니나 아버지 동생들에게 쌀밥이라도 한 끼 더 해드리고 먹이겠다는 심정 깊은 생각 같은 건 하지도 못하면서 말이다.

이 후 여기저기 매립작업의 개발붐이 일고 있을 때 공지(空地)가 천지였다. 누구든지 새끼줄이나 금만 주욱 그어 놓으면 자기 소유의 땅처럼 심고 가꿀 수가 있었다.

여기에 어찌 아버지와 내가 빠지랴. 그러니까 지금의 동부제강 동화기업 사이 매립지에 300여 평 남짓 돌을 골라내고 밭을 갈아 정지작업을 편 후 한 쪽엔 팥과 콩을 심고 나머지는 밭벼를 심었다.

새 땅이라 그런지 바랭이 풀이 어찌 많이 나는지 매일 가서 긁고 뽑아도 돌아서면 또 나고 진저리가 날 정도로 풀이 승했다. 손은 풀물이 들어 시커멓고 손톱이 닳아 돌에라도 다 갈리면 애고 소리가 절로 나오도록 아팠다. 내가 20대 후반 때 쯤 일 텐데 허리가 늘 아파 가지고 쩔쩔 맸는데 그건 순전히 힘든 지게질에 욕심 많은 일 때문이었다.

온 종일 땡볕에 살다가 해가 질 때면 바소쿠리 가득 저녁 쇠풀을 깎아지고 여기저기 아무렇게나 불도저가 깎아 놓은 길을 걸어 집에 오면 날은 어둡고 모기떼가 극성을 부리는 늦은 저녁이 된다. 일은 이것으로 오늘을 끝마치는 게 아니다. 또 있다. 질퍽거리는 외양간을 치워야 하고 부엌의 드럼통에 여섯 지게의 물을 우물에서 퍼 다가 채워 놓아야 큰일은 마무리가 되는 셈이다.

온 집안의 궂은 일 큰일은 다 내 차지였다. 으레 군소리도 없었고 내 의무인양 극성을 떨었다고나 할까. 이런 내 고생을 어느 누나 어느 형 어떤 동생들이 알아줄까. 정말 전부 하나 같이 야속한 사람들. 허구 헌 날 일에 파 묻혀 사는 나를 어머니는 늘 애석하게 생각하시고 마음 아파 하셨다. 나는 늘 건강했다. 힘이 솟았다. 힘든 줄도 몰랐다. 지금 나는 생각한다. '야, 그 많은 일을 이 작은 몸뚱이로 어찌다 해냈을까?' 그저 대단하다는 생각뿐이다.

이나마도 그 지겨우리만치 많던 일도 개발에 밀려 논밭이 매립되고 여기저기 공장 건물과 주거가 지어지면서 땅과 이별을 해야 하는 순간들이 오기 시작한다. 손때 묻고 빛이 나던 농기구는 녹이 나 벌겋고 멍석이며 헤어진 곡식 그릇들은 불 태워 없애야했다. 칠남매가 낳아 자란 정든 집마저 헐어버려야 했다.

나 혼자 집을 며칠을 헐었다. 마지막 내방의 이엉이 벗겨 질 때까지 나는 내방에서 잠을 잤다. 금방이라도 귀신이 나올 듯 어수선했다. 집이 헐리기 며칠 전에 나는 사진기로 우리 집 전경을 필름에 담았다. 마지막 집을 떠나면서 나는 흐느껴 울었다. 왜 그리 서운하고 억울했는지 마당가 늘 소를 매어두던 수양버들을 어루만지면서 나는 기대어 울었다.

제24장

[또 다른 시작]

우리 속담에 '아닌 밤중에 홍두깨' 라는 말이 있다. 전혀 생각지도 예상치도 못했던 갑작스러움을 뜻하는 속담이다.

아는 거라고는 농사일 오로지 흙을 만지는 것밖엔 모르던 내가 우연한 기회로 장사꾼 세계에 입문을 하기 위해 부산하게 움직여야 했던 적이 있었다. 모로 가도 서울만 가면 된다는 식으로 모든 걸 매제(妹弟)에 기대를 걸고 준비는 내가 서둘렀다. 경력자의 맛깔스런 솜씨가 사람들을 불러 모았다. 당시 매제와 동생간의 불화로 서로 갈등의 시간들이어서 나에겐 불안한 나날이었다. 심기가 흐린 매제는 자주 짜증을 부렸고 내 속을 긁었다. 얼마 못가 결국 매제는 떨어져 나갔고 나만 혼자 아무것도 모르는 체 난감했다. 하는 수 없이 철문을 내리는 수밖엔 도리가 없었다. 뭘 알아야 면장을 한다고 음식에 백치(白痴)이고 보니 답답하고 골 아픈 현실이 난감했다.

새로운 주방장이 왔다. 아니나 다를까 꼴값한다고 어설피 배운 돌팔이에다가 술이 고래였다. 가끔 술을 쳐 먹고 내 비위를 긁는 날이 잦아졌다.

이런 식으로 세 사람을 번갈아 주방장으로 쓰다가 아니 되겠다 싶어 내가 손수 배워 자작(自作)으로 해 먹겠다고 각오를 갖는다.

맨 나중에 두어 달 하다 간 걸작스런 녀석의 이야기 하나를 기억하자면 이 녀석은 새끼손가락 하나가 없다. 제 말인즉 제 아버지의 은수저 한 벌을 훔쳐다가 팔아먹었단다. 저녁 식사 때 보이지 않는 수저에 아버지가 다그치며 네 놈의 소행이 틀림없다고 하자 모면할 생각과 가증스런 정의랍시고 결백을 주장하기 위해 도마 위에 부엌칼로 손가락을 부모가 보는 앞에서 내리쳐 잘랐다고 한다. 아주 싸가지없는 위선자였다.

배달은 영진이를 두었다. 제 아버지가 있긴 하나 자식 돌보지 않고 버리다시피 한 천덕꾸러기 아이인데 불행히도 턱 밑에 불룩한 혹이나 있어 이름대신 혹부리로 통했다.

콧날이 뾰죽한 범죄형의 주방장 은총이는 혹부리를 무척 미워해 혹부리는 가끔 질질 짰다. 머슴을 부리려면 주인이 부지런해야 함을 깨우치고 내가 살기 위해서는 상대를 알아야 했기에 능가할 수 있는 상책은 오로지 음식에 관한 자신의 지식이라 생각한 나는 주방을 기웃거리면서 시간 나는 대로 면 빼는 것부터 배우기 시작했다. 1년여 어깨너머 나의 음식솜씨 면 기술이 얼치기 요리사 이상으로 발전했다. 조금씩 자신이 생겨간다.

기본인 중국음식 자장면 탕수육 만드는 건 도가 틀 정도로 익숙했고 맛도 깔끔했다. 더 배울 게 없느니라. 이제 하산하거라. 이제는 내가 주인이고 내가 주방장이다. 혹부리는 열성적 심복이었다. 이렇게 해서 긴 세월, 13년이라는 주방 일을 손수 했다. 열심이었고 끈질겼다.

그러나 남은 건 없다. 빈 손 뿐이다. 긴 세월 허송과 고생만 했다 싶음에 억울함이 남는다.

결과는 내 부도덕의 소치. 그리고 태산처럼 짊어진 빚. 그것이 원망의 상징이었으니…….

제25장

[황혼 블루스1]

청춘을 돌려다오. 젊음을 다오.
흐르는 내 인생에 애원이란다.
못 다한 그 사연 어제 같은데,
가는 세월 막을 수는 없지 않느냐?
청춘아 내 청춘아 어데 갔느냐?

애절한 젊은 날을 가사화한 나이 먹은 늦깎이 가수의 절규처럼 나의 꿈 많던 젊은 날의 기승은 어디로 갔을까

젊어 고생은 사서도 한다고 했듯 내 생의 인생 경험은 다양했다. 농

사일에서부터 양은공장, 호마이카 가구일, 석공일, 취로사업, 돌 공장, 불도저 조수, 철공일, 건축 현장 잡부, 가수생활, 야채장사, 짜장면 장사, 운전기사 노점 등 이런 삶의 감각적 리듬으로 이런 것을 산전수전 이라고 하나 거기까지는 못 미쳐도 인생 다양한 경험으로 매사 내 살아감에 있어 알게 모르게 자신과 용기를 주는지도 모르겠다.

누구든 세상 살아감에 변화되는 인생살이 없을 수는 없지만 나도 이 나이에 이 정도면 그야말로 꽤 빨빨거리고 다녔다는 소리 들을 만도 하다. 실로 지금까지 나에겐 역사요 경험이다. 어떻게 어디에서 앞으로 더 얼마나 많은 경험들을 맞게 될는지는 미지수나, 먹고 살기 힘든 지금 세상, 강 건너 물 보듯 아무것도 없는 내 인생 황혼의 뒤안길이 역력히 보인다. 고생 그리고 또 고생이 말이다.

어쩌랴! 이런 현실이 내 팔자인 것을……. 팔자를 만드는 것도 저하기 나름이라지만 능력이 없다. 능력을 만들 수 있는 여건이 도대체 없기 때문이다. 세상은 무릇 마음만 가지고는 살 수가 없으니 말이다. 그래서 안타까워하고 사뭇 마음 아파하는 것이다.

나는 매사에 성실하다. 열성적이고 능률적이며 관대하다. 충성을 다 하는 마음 때문에 주인에게 칙사(勅使) 대접을 받는다. 물론 그것은 주인이 나를 부리기 위한 수단이란 걸 알지만 나는 염두에 두지 않는다. 내가 내 가정과 처자식을 위해서 내 삶을 위해서 하는 충성은 당연한 것이고 아부가 아닌 당당한 것이다.

다만 당당함의 대가에 못 미치는 대우를 하는 주인의 모자란 부도덕이 문제이다. 그런 것들은 가끔 충성하려는 의지를 무너뜨리기도 한다. 집에서 새는 바가지 나가서는 샐 수가 없다. 늘 내 주위엔 친절한 사람들이 모여 들었다. 남자건 여자건 그들에게 있어 나의 이미지가 부드러움으로 생각되었기 때문이리라.

회사는 즐거운 곳이자 나의 일터였다. 궁핍한 생활고라든지 매사에 미흡한 철면피 생사의 소유자. 여편네 머리 흔들리는 불신을 떠나 타인으로 하여 인간적 내면을 배워가는 재미란 또 다른 차원의 세계에 들어 온 듯 행복한 감정을 느끼게 했다. 일이 끝나고 집에 오는 시간까지는 즐겁다. 그리고 그 다음은 지옥문을 두드리는 것만큼이나 두렵고 불안했다. 여기가 과연 처자가 있는 내 집이란 말인가?

나의 행복이라는 말을 감히 뱉을 수 있는 그 행복, 나의 그 행복이란 두 글자는 어디에 감추어져 있을까. 영영 숨어 버려 찾을 수 없는 미로 같은 것일까. 한해두해 나이가 들어가면서 이제는 마음도 건강도 흔들리는 걸 느낀다. 할 수 없어. 나이 때문이야. 그리고 벌어 놓은 돈도 없어. 이 나이에 지금 모든 것이 평화스러워야 하거늘 불안해하고 당하면서 쌀 걱정을 하고 있는 판에 세월은 감히 묶어 둘 수 없는 것, 날더러 어쩌란 말이냐? 이 멍텅구리 자신아! 역정을 내고 호통을 쳐 보지만 결론은 영 어쩔 수 없다는 게 정답. 구슬이 서 말이면 뭘 하는가, 꿰어야 보배라고 능력과 마음만으로는 되지 않을 일을.

이처럼 답답할 수가 없다. 나처럼 답답한 사람들과 모임이라도 결성해서 마음속에 자리한 자욱한 안개를 거두어 내고 싶다. 그래 이대로는 안 된다. 사고방식도 뜯어 고치자. 나이도 잊고 살자. 매사 긍정적으로 생각하고 번민하지 말자. 기대는 금물이요 현실에 적응하라.

용기는 새로운 발견이다. 싹을 틔우면 열매는 기대할 수 있다. 사람 팔자 시간문제. 죽기 아니면 까무러치기. 너 죽고 나 살자. 아주 잡아 먹어라. 똥 뱃장 넉살, 이래도 한평생 저래도 한평생. 요것이 내 팔자의 전부거니 나는 앞으로 이런 식으로 살아야 할 처지다. 주둥아리만 살아서 짹짹거리는 참새가 되어서는 아니 된다.

즐거운 마음과 웃음은 명약 중의 명약. 원활한 엔돌핀을 만들자. 모든 사물이 다 아름다워 보이고 삶에 생기가 샘솟는다.

천상의 기후 같이 변화무쌍한 인생길. 진퇴양난(進退兩難)과 파죽지세(破竹之勢)의 접경을 헤매면서도 흐트러지지 말자. 어찌 인간이 꿈을 다 이루랴. 어찌 갖고 싶은 걸 다 가지랴? 무아, 지금의 움직일 수 없는 그 해답은 백과사전에도 없다. 내가 풀고 내가 펼쳐야 된다.

다 지당하고 옳은 말이다. 사람 나고 돈 나고 부자가 있으면 가난뱅이도 있는 거고 천재가 있으면 바보도 있게 마련 아닌가. 고르지 못한 세상 흠잡을 것도 없고 누구 원망할 것도 없지 않은가? 나 능력 없는 탓! 좋은 팔자로 내 인생을 풍요롭게 만들지 못한 자신의 능력 탓! 그저 탓, 탓, 다 내 탓이요. 그러고저러고 운이니 팔자니 따지다 보니 별생각을 다 하게 된 내 자신이 초라하고 부끄럽다. 웬 변명과 불만이 그리 많은지 말이다. 아마도 사람이라서 그럴게다. 높이 올렸던 팔을 내려놓은 듯 편한 마음을 살도록 노력을 해 보자. 또 아닐지언정 마음만이라도 부자가 못되랴.

애비의 뜻과 의를 배신한 스무 살 딸아이. 나는 자식농사도 필요했다. 제대로 짓지 못했다. 기막힌 이 애비의 큰 뜻을 헌신짝처럼 버린 아이. 태어난 날 탯줄을 잘라 말려서 지금도 가지고 있는 아이. 20년 일기로 사랑을 주려는 애비의 소망을 송두리째 뽑아버린 아이. 25년 선물로 시작한 그 일기장엔 애비의 정성과 사랑 그리고 지친 모습이 고스란히 담겨져 있다.

스물다섯 해가 되면 혼자 가슴 치며 통곡해야 하는 시간이 온다. 그러나 이미 때는 늦었다. 버스는 지나갔고 세월과 함께 열기도 식었다. 도토리 인생이 되어 버린 철없는 아이 "설"

기회는 한번이고 정성도 한번이다. 기회도 정성도 이젠 없다. 이 아이마저도 기대 이상의 깊은 상처, 그리고 물질적 피해로 나를 동여맸다.

용서하고 삭이며 사는 부모의 심정을 어찌 알랴. 이런 정 두고 자식이 아니라 원수라 하던가. 모두다 실패. 이 아이야. 인생을 그렇게 치사하게 살려하느냐. 중학교도 중퇴한 아이. 목표도 인생관도 책임도 의무도 모르는 그저 밥 퍼 먹는 아이일 뿐. 애비의 심정은 안중에도 없고 어디가 자신이 머물 곳인지도 모르고 소풍처럼 가출을 즐기던 아이. 인정도 없다. 뒤도 돌아보지 않는다. 너는 네 부모를 죽일 것이다. 그것도 아주 잔인한 방법으로……. 철나자 늙는다고 네 행동의 소치가 네 운명의 세월에 또 어떤 변화를 가져다줄지 실로 걱정된다.

너에게서 무엇을 얻으랴. 무엇을 기대하랴. 맹목적 인생을 살아가는 가엾은 아이야. 이 애비 분하고 억울해 어쩌랴. 화병에 건강까지

잃었다.

밤잠도 설치게 됐고 눈물로 밤을 세워 보낸 날이 수없이 많음을 너 자신이 시인하고 고백해야 한다. 낳아서 키운 보답이 고작 그것뿐이라면, 똑똑한 자식 하나 만들어 보겠다는 부모의 간절함에 대한 보답이 그것뿐이라면, 잘 키운 딸 하나, 열 아들 안 부럽듯이 하겠다는 부모의 일념의 보답이 그것뿐이라면 차라리 나는 사형을 택하겠다.

가치(價値)는 가치가 있을 때 빛을 발하거늘 너는 그 빛이 싫더냐. 박수와 갈채 그 화려한 우상이 그리도 싫었더냐.

참 구슬을 잃어버린 아이.
제 인생을 박살낸 아이.
가문에 우와 오를 범한 범죄자 아이.
이 나라에 밀알과 소금이 되지 못한 아이
너 인생을 무슨 재미로 살아가겠느냐.
막가는 인생 열차가 그리도 타고 싶더냐.
체제 없는 무질서한 네 인생. 한심하고 답답하다.
너 만큼은 이 애비에게 그게 전부는 아니었는데.
홀연녀지기 배란성 모태에 문제가 이유라면 이유.
불량 유전자를 닮은꼴이 어데 가랴. 그 에미에 그 딸.
애시 당초 시작부터가 불량이었으니 어찌 후한이 없으랴.

이것도 내 복이요 팔자인가 그렇다면 기꺼이 돌려주고 싶은데. 한

때 아버지라는 존재의 크나큰 잘못으로 따듯한 제 어미의 정을 모르고 자란 큰아이와 어찌 이리 대조적이냐. 엄마의 정 모르고 할머니의 손에서 자라 냉철하고 모난 아이가 될까 걱정도 했지만 그건 나 혼자만의 착각이었다. 인내, 예능적 잠재, 총명하고 손끝여문 축복으로 남겨진 자식이 큰아이다.

인천여상 상고 출신으로 교내 연극반에서 취미를 살렸고 그림솜씨가 뛰어나 본인이 그 길을 택했으면 했는데 나이만큼이나 판단 능력이 있는 터라 비록 자식이지만 할 말을 잃었다. 자신이 충분하고 분명한 원리로 찾아 헤쳐 나갈 것이니까 그 애에 있어 걱정은 금물이다. 생각과 배려가 깊고 현실을 타파 할 줄 아는 능력의 현대인 젊은 아이였으니 둘 중 하나라도 내 닮은 꼴을 볼 수 있으니 얼마나 다행이랴 싶다.

제26장

[황혼의 블루스2]

무대 위에서 가요만 노래했던 나는 팝송 따위는 아예 몰랐고 배우려들지도 않았다. 알려고 하지도 않았던 관계로 팝에 대한 역사나 인기절정의 연대는 분명치 않으나 어렴풋이 60년대 중반이던가, 70년대 초이던가 아무튼 비틀즈의 붐이 한국까지 상륙하고부터 유행한 장발 이야기가 생각난다.

너나 할 것 없이 머리 기르는 것이 유행으로, 비틀즈는 젊은이들의 우상이자 살아있는 신으로 젊은 가슴속에 위대한 존재적 가치로 남던 그때였다. 거리거리마다 뒤를 보면 전부 여자뿐이었다. 당국에서는 풍기문란이라 하여 대대적 장발 단속에 신경을 곤두세워 젊은 우리들을 괴롭혔다. 파출소마다 장발로 잡혀온 젊은이들이 콩나물시루였다. 동방예의지국으로서 도(道)와 예(禮)를 소홀히 할 수 없었던 우리에게 좋은 문화는 아니라는 정부의 판단이었을 게다.

그 당시 유행되던 머리가 지금도 습관화되어 특별한 헤어스타일이 되어버린 내 머리. 긴 머리가 좋다. 지구를 돌고 유행도 도는데 나의 머리 스타일은 돌 줄을 모른다. 대머리 총각, 가수 김상희의 노래가 유행할 땐 앞머리를 치켜 칼로 밀던 젊은 녀석들.

가수 박재란의 노란샤쓰의 사나이가 유행할 땐 온통거리가 노란샤쓰로 물들이던 유행의 물결 그때나 지금이나 유행의 흐름은 빠르고 짧다. 청바지 세월과 유행이 공존하면서 통기타를 걸머멘 젊은이들 맘보바지 빽바지 칠부는 우리들 가슴에 숱한 추억을 남겼다. 지금의 이 나이에 장발은 어울리지 않는다. 그러나 매사가 개방되고 자유분방한 세상, 긴 머리가 어디 연령에 따라 길러지는 것인가. 나이 들면 든 대로 멋이 있고 품위가 결여되니 개성주의 세상에 어찌 흉 볼 사람 누구던가. 누가 날더러 못생겼다고 할까? 부모님이 만들어준 얼굴, 가꾸고 다듬고 정성을 들여 이대로의 모습을 오래 가져야할 의무가 있다.

거울 앞에서의 소비시간이 나에겐 길다. 벅벅 면도보다는 족집게로 일일이 하나하나 쏙쏙 뽑아내는 그런 재미가 있어서다. 햇볕노출도 여자 못지않게 싫어한다. 까맣게 그을린 얼굴은 보기도 싫을뿐더러 미용상 적이다. 그리고 피부 노화의 대표적 근원이 된다. 사내답

게 이목구비 뚜렷하고 건장한 체격으로 태어나지 못한 나만의 콤플렉스에서 오는 스트레스를 해소하는 법인지도 모른다.

나만의 이미지, 자기 관리, 자기표현, 취미, 복합적 나의 집착이다.

내 사전엔 신앙이나 어떤 믿음도 없다. 내 스스로 나를 믿고 내 스스로가 행동해 나가니까 되도록 착하고 바르게 마음먹고 산다. 교회에 가본 것은 어릴 적 크리스마스 때 교회에서 눈깔사탕을 나누어 준다고 아이들이 가자고 졸라대서 한번 쫓아 가본 것이 전부이다.

신앙과 믿음은 나 자신의 마음속에 있는 것이므로 하나님을 빙자한 내 마음 억지 다스리기는 모순이 아닌가 한다. 죽은 자가 어찌 부활하여 만인의 질병과 아픔을 대신할 수 있으며 은총을 내려줄 수 있는가? 물에 빠져 죽고 차에 치여 죽는 믿음이 있는 자들. 그들 하나님의 동조자인 그들이 왜 하필 비참하게 생을 마쳐야 할까? 이것도 하늘의 뜻인가? 나의 반박적인 말에 믿는 자는 어떤 말을 나에게 할까? 믿음이 약한 자여! 그대 어찌 성경을 모욕하는가? 황새가 봉황의 깊은 뜻을 알 리 없듯, 믿음에 무식한 그대 어찌 하나님을 이해하리? 일견의 깨우침도 받을 수 없는 죄인 그대여, 그러나 하나님은 그대를 용서하고 사랑하느니.

길고 긴 황혼의 부르스에 나팔소리는 여운도 길다. 50평생의 잡다한 집약적 나의 이면을 생각나는 대로 그려보자니 중구난방 두서없이 서열 되는 글귀지만 인생살이 참 이변도 많고 보니 일백년 아니 일평생을 쓴다 한들 끝이 있으랴. 숨겨진 이야기, 하기 싫은 이야기

꼭 해야 할 이야기가 여기에 다 쏟아져 나와야 고향 이야기와 함께 공감이 간다. 나는 전문가인 글쟁이가 아니다. 일상 서민으로 남들과 같이 공장에서 먼지 뒤집어쓰고 일해 준 그 돈으로 매일매일 세끼를 해결하는 사람이다. 남들처럼 크지도 못해 일백오십이 조금 넘는 가냘픈 남자에 배꼴이 적어 많이 먹지도 못하는 소식가에 채식위주의 식성에 그래도 기운은 펄펄하다.

소가 풀만 먹어도 기운 쓰는 거 보지 않았는가. 냄새나는 청국장이 제일 좋다. 식성이 완전히 촌놈이다. 잘 먹어 성인병 많은 요즘 어떤 놈이 이런 말을 할지도 모른다. 오래 살려고 일부러 그런 것 만 쳐 먹는 거야. 웃기네 그려, 내 먹성이 고것뿐일세. 게걸스럽게 아무거나 먹는 성격도 아니다. 제사음식 초상음식 고사떡 굿거리 음식은 비각이며 잔치음식은 먹는다. 어디서 먹을 것이 들어오면 음식에 대한 의심부터 하는 게 나다.

음식은 아무렇게나 먹고 잠자리는 가려 자야한다는 말과는 반대다. 기름진 음식은 내 목구멍이 넘기기를 거부한다. 무나물을 보면 밥맛부터 떨어지고 무당이 생각난다. 어려서 이웃에 굿 구경을 갔는데 울긋불긋 실오라기 걸치고 가로 뛰고 세로 뛰고 무나물과 빨건 닭피를 입안에 가득 넣고 우걱우걱 씹어 동서남북으로 푸푸하며 뱉어내던 그 모습이 나에 밥맛을 잃게 한 장면이다. 이웃에서 음식을 가져와도 그 사람 평소 생활 상태나 청결에 문제가 있는 사람집의 음식은 아예 안 먹었다. 서양말로 '노' 였다.

나는 늘 작은 영웅을 꿈꾸어 왔다. 작은 키의 열등의식이 빚어낸

꿈의 열기, 그런 것이었으리라. 중국 대륙을 이끌어온 작은 거인 등소평, 전 세계 정복의 꿈을 키워온 영웅 나폴레옹, 왜소한 자신의 신장을 조금이나마 감추고 위용을 보이려 잠자리에서도 굽 높은 구두를 벗지 않았다는 나치 독일의 히틀러, 작은 열등감이 부른 승리자들이다. 작은 고추가 맵다고 했다. 한번쯤 키 큰 사람이 되어보려는 야심하나가 작은 나를 무대에 올려놓았지만 나는 크지 못했다. 끝내 그래서 지금, 방황의 기로에 서성이며 나침판 있는 가시밭을 헤매이고 있다.

세월은 자꾸만 간다. 안타까운 내 황혼의 블루스여.

제27장

[부모님께 올리는 편지]

지금은 저 세상의 넋이 되어 구천에 계신 사랑하는 어머니 아버지. 죄 많은 이 자식을 용서 하소서. 금이야 옥이야 키워주시어 보살펴주신 그 은혜 살아생전 어찌 잊으리오.

머리카락 베어 신을 삼아드린들 살을 베어 뜨거운 피를 바친들 그 은혜에 어찌 미치리까? 한해 두해 해를 거듭하면서 어머니 아버지 두 분의 품에서 멀어진 자식들은 저절로 혼자 큰 줄 알고 두 분을 등한시 했습니다. 하늘이 높다 한들 아버지의 자식 사랑만큼 높겠습니까? 바다가 깊다한들 어머니의 깊은 마음만큼 깊겠습니까? 차라리 석두

(石頭)가 되어 이런 두 분의 사랑을 잊어 버렸으면 좋겠습니다.

이 자식의 애절한 심정을 모르는 체 두 분 눈감아 지금 제 곁에 없으십니다. 제 가슴이 고무풍선이라면 기막힌 슬픔에 벌써 터져 버렸습니다. 달리 통곡할 이유를 잊을 만큼 이자식의 충격이 큽니다. 애가 시린 이 마음을 어찌 사연에 다 표하겠습니까? 덧없이 가는 세월 잡을 수 없듯 늙고 병들어 가시는 어머니 아버지 잡을 수 없는 안타까운 이 자식의 심정 이해가 가실는지요.

낯선 망인(亡人)의 동산에 거처를 마련해 드린 것으로 이 자식들의 도리가 끝이 났습니다. 칠남매 중 늘 어렵사리 살아가는 이 자식을 늘 안타까워하시고 도와주신 어머니 아버지 감사했습니다. 없이 사는 자식 곁에 머무르시며 맛있고 기름진 것 제대로 한 번 못해드리고 있으면 있는 대로 아무렇게 드린 대접, 이제는 모두가 후회이고 어쩔 수가 없게 되었습니다.

여럿인 자식 누구 한 놈 풍족한 용돈 한번 그 흔한 여행 한번 주선해 드린 놈 있습니까? 마음뿐 없어서 못하고 잊어버려 못하고 성의 없어 못하고 전부 하나같이 몹쓸 불량배였습니다.

사탕과 콜라, 우유 한 통, 빵 하나면 흡족해 하시고 효자라고 자랑하시던 아버지. 이제 뒤늦게 뉘우쳐 잘하려 해도 어머니 아버지는 계시지도 보이지도 않습니다. 꿈속에서나 뵐 수 있고 마음속에서나 그려 볼 수 있는 망자의 형상 그것뿐입니다.

어머니에게 있어 나는 믿음이었고 희망이었습니다. 늙어 연약하고 핏기 없는 나약한 어머니였지만 저에겐 기댈 수 있는 큰 고목이었고 희망이었습니다. 늘 못사는 이 자식을 가슴 아파 하셨죠. 어머니 아버지를 모시고 사는 저는 늘, 두 분 마음속에 애물 그 자체였습니다.

일백 번, 일천 번, 두 분 어머니 아버지를 목 놓아 불러 본들 이젠 허공에 메아리 되어 되돌아 올뿐입니다.

먼저 길 떠나신 아버지가 손짓해 부르시더라도 이다음에 가리라고, 기다리라고 심이가 잘사는 걸 보고 가마고 소리치고 가지 말았어야 했습니다. 어머니! 오늘 약속은 평생의 약속입니다. 어머니가 가시면 저는 외로워 죽습니다. 부디 일어나시어 훌훌 털고 다시 집에 오시어 저를 지켜주셔야 합니다.

기약 없는 수수께끼를 왜 못 다 푸시고 벌써 가시려 합니까? 싸늘한 어머니의 얼굴에 볼을 부비며 애걸하는 이자식의 통곡을 보려고 눈도 뜨신 채 그렇게 가셨습니까?

제 쓰다듬은 손끝에 뜨신 눈 감으시고 평안히 가셨습니다. 8년이라는 세월 속에 성당을 다니시며 저 하나를 위해 기도하셨을 어머니! 하늘나라에서 이승에서 못 다 누리신 고행 훌훌 터시고 행복하십시오. 저만치 높은 곳에서 지켜보시고 도와주신 두 분 어머니 아버지.

낳으실 때 괴로움 다 잊으시고
기를 때 밤낮으로 애쓰는 마음
진자리 마른자리 갈아 뉘시며
손발이 다 닳도록 고생하시네
하늘아래 그 무엇이 넓다 하리오

어머니의 은혜는 가히 없어라

높고 높은 하늘이라 말들 하지만
나는 나는 높은 게 또 하나 있지
낳으시고 키우시는 어머님 은혜
푸른 하늘 그보다도 높은 것 같애

엄마 봄볕처럼 따듯한 우리 엄마
사랑의 이름 우리 엄마
영혼으로 남아 날 지켜주는 우리 엄마 엄마…….

제28장

[우리시대의 자화상]

자식은 20전에, 재산은 30전에, 40은 인생 안정권에. 나이 20대에 자식 농사 일찍 지어 놓고 30대에는 재산을 모은 다음 늘그막에 접어든 40대에는 평안과 안정 속에 생을 누려야한다는 인생살이 기본 법칙이 아닌가 하는 말이다.

1949년 8月 19日生. 나의 출생 년 월일이다. 꿈 많던 시절 설렘이 있던 젊은 날은 가버렸다.

비바람 더위 세찬 겨울추위와 함께 도전적 삶의 영역을 넓히지도 못한 체 이런 일 저런 일 희비 속에 남들과 함께 부딪치며 걸어온 인생길.

어제를 곱씹어 봐도 큰 변화가 없는 것이 나의 생이다. 보상 받을 수도 없는 것이 미온적 지난날의 나의 삶. 철따라 이동하는 철새처럼 다양한 나의 삶이 있었던들 작금의 이면을 지금 이렇게 청승으로 늘어놓을까?

살아도 헛살아 온 나의 인생, 쪼들림 속에 되돌아 갈수도 없는 허송(虛送)을 아쉬워하며 미련에 고개를 떨군다. 차라리 일찌감치 청녹색 미래나마 설계 했던들 지금에 이런 지친 어깨 무거운 삶이 나를 힘들게 하지는 않았으련만 틀렸다. 이젠 다 틀렸다. 서글픈 내 현실을 한탄한다.

어느 것 하나 게으름 없이 열심히는 살았건만 방법이 틀렸는지 남은 건 빈손이다. 돌이킬 수 없는 과거사는 잊어버리자. 더러워 침을 뱉어도 된다. 낡은 어제를 백지위에 넋두리하는 내 자신이 가엾다. 가다 못가면 아니 간만 못하고 돌다리도 두들겨 보고 건너라고 했듯 준비 없는 시작이 이런 엄청난 생의 실수로 가슴 저며야 할 줄이야…….

바보가 따로 있더냐. 내가 바보지. 마음고생 미련한 소치, 어려운 꿈 하나에 마음과 인생을 걸고 결혼을 앞둔 신부의 두근거림처럼 꿈이 아니기 만을 기다려 왔던 나, 나에겐 힘이고 지팡이였다.

영화 속의 대부들과 음악속의 히로인 그들과 하나 되어 화려한 조명과 무대, 그러나 나는 가지도 못했고 갈수도 없는 앉은뱅이가 되어 세월과 함께 마음고생만 했으니 옹촘매진 실오라기 풀리지 않듯 뒷걸음질만 쳐온 나의 어제.

공장생활 박봉으로 자식의 대업을 이루려는 아버지의 열렬한 성원. 6년이라는 세월 묵은 씨앗을 뿌리고 싹을 틔우려는 농민의 정성 어림은 헛되어 실망과 배반으로 얼룩져 혼미를 거듭하고 일곱 빛 무지개는 사라졌다.

50대 이 나이에 경제적 안정이란 말이 부끄러울 정도로 어색한 나의 현실. 그리고 마누라 자식에게 외식(外食) 한번은커녕 없는 생활에 틱틱거리는 볼썽사나운 마누라의 씁쓸한 내조(內助).

자칫 가난은 불씨로 남아 가정파괴의 원흉으로 남기도 한다. 그대 거울을 보라. 여기 곪고 저기 곪고 까칠한 몰골에 수염만 무성하고 민방위마저 끝나버린 노병이 되어 이제 젊은 마음으로 푸른 사과를 따기는 힘들지 않을까.

일어나라, 너 아직 마음도 젊고 몸도 젊으니 매사를 긍정적으로 일관하라. 나이를 잊어야 한다. 마음의 원기를 촉발하여 정력적(精力的)으로 다시 시작하라. 거듭 태어나라. 파랑새는 있다. 끝은 시시하지만 근면(勤勉)에 억척스러움이 자네에겐 있지 않은가. 희망을 가지세. 파란 하늘 아래 나 같은 실낱 운명에 처해진 50대는 얼마나 될까. 나는 또 새로운 고민에 빠져든다. 은막의 세계에 정을 드리운 채……. 오, 나의 모습이여!

제29장

[바다를 캐는 사람들]

소금냄새 짭짤한 갯내음, 이글대는 태양의 열기, 특이한 갯바람으로 3박자 어우러진 바다만의 향기, 여기가 내 고향 가좌동 바다의 진짜 모습이다.

내가 태어나서 자란 곳. 꿈을 달구고 현실에 뒹굴 던 바다가 있는 고향. 이 바다는 우리 칠남매의 바다이기도 하다. 분처럼 곱고 미끄러운 바다 개흙은 우리들의 미끄럼틀이요 놀이 광장이었다. 그리고 잡아서 먹을 수 있는 것들이 수없이 많았다. 망둥이와 숭어, 게, 조개, 맛, 낙지와 바다 우렁, 골창엔 파래가 있고 잔고둥과 염챙이, 수

수망둥이, 바닷장어, 빼죽이와 가무락, 얼마나 풍성하고 신이 나던 바다였던가.

지금은 없는 그 바다, 추억으로 남아 여기에 글로 담아 두니 또 한 번 설렘을 어찌 감추랴! 허벅지까지 철퍼덕 빠지는 녹두 빛 개흙을 일군다. 조개를 캐고 맛을 캔다. 군락을 이루어 사는 시골집들처럼 조개와 맛도 바다라고 다 있는 것이 아니다. 그것들도 군락을 이루어 살아간다.

솔염산을 좀 지나야만 조개와 맛이 운집해 있다. 그리고 팔 번지 앞에도 맛 군락은 있었다. 아무튼 그것들도 영역이 분명히 있었다. 멀리 바다에 이르기 전 초입에는 발이 크고 뻘 진 다리의 예쁜 농발이가 있고 방개와 칙발이가 살아간다. 특이하게 세발낙지는 원창동 쪽 앞바다에만 있었고 유난히도 갯지렁이가 많이 있는 곳은 인천교 쪽에 몰려 있다.

남의 대토나 내 논 밭떼기를 가지고 사는 사람들은 실속이 있거나 말거나 천직으로 농사일에 땀을 흘렸다. 그러나 송곳 끝 하나 모루박을 땅 한 평도 없는 사람들은 늘 생사고락에 한숨으로 세상을 산다. 그러나 이들에겐 이 녹두 빛 바다가 있다. 이 바다는 이들에겐 황금의 땅이요, 생명의 젖줄 노다지나 다를 바 없었다.

썰물에 바다가 드러난다. 사람들은 갯벌로 모여든다. 인산인해(人山人海), 이내 갯벌은 사람의 꽃으로 피어난다. 태양아래 아지랑이가 피어난다. 신기루 같이 보이는 사람들 모두 다 엎드려 있다. 그리고 꼼지락 거린다. 돈을 캔다. 맛과 조개는 시장에 내다 팔고 갯지렁이는 일본으로 수출되던 그때였다. 품평가치도 까다로웠다. 지렁이가 너무 굵어도 별로고 몸이 끊어져서도 아니 되고 어중간한 것의 지렁이가 A급 대접 속에 개개인의 주머니 사정도 달랐다.

시장을 외면한 일반사람들은 갯물에 깨끗이 씻은 게와 조개 맛살을 팔 번지 뱃 턱 데부 뚝에 늘어놓고 노천을 벌인다. 머리에는 수건을 쓰고 생물이 상할까 봐 갈 땅 잎을 뜯어다가 덮어 그늘을 만든다. 농사짓던 사람들은 이들을 가리켜 갯고랑 쑤셔 먹고사는 사람들이라고 비아냥 비슷한 말로 이름 지었다.

갯고랑쟁이들은 늘 손발 얼굴이 부어 있다. 발빠지는 뻘 흙에 종일 엎드려 힘든 일을 하자니 피가 거꾸로 쏠려 늘 얼굴의 부기가 가실줄 모를 정도였다.

더구나 애까지 들쳐 업고 고생하는 젊은 여자들. 애는 울다 지쳐 잠이 들어 고개는 모로 떨어지고 뜨거운 폭양(曝陽)에 익은 얼굴. 이런 어린 것을 보는 눈은 애석하기까지 하다.

이렇게라도 해서 살아야하는 것이 인생인가보다. 간간히 애를 젖빨리며 잡은 조개는 한 자루 가득하다. 하루의 희망에 눈두덩 부은 얼굴 가득 미소가 흐른다. 이렇게라도 하지 않으면 좁쌀죽도 걸러야 할 맨 몸뚱이의 사람들.

내일이 보장되지 않는 기약 없는 이들이지만 오늘에 만족하며 운명인 양 오늘을 받아들이는 도량 넓은 바다 같은 마음들. 쪽빛저녁노을 고운 괭이부리의 하루가 저문다. 별 빛나는 밤하늘 아래 고단한 몸 뉘이고 모기쑥불 모닥불에 연기 피우며 하루를 이야기한다.

산다는 것의 의미를 희망적으로 되뇌는 독백 같은 오늘밤의 야유회. 이 밤은 이렇게 가더라도 해 밝은 내일도 또 오늘과 같아야 하는 삶이 고단한 사람들.

이렇듯 고향의 바다는 늘 풍성했고 아름다웠다. 서녘에 걸친 붉은 저녁 해가 잔잔한 고향 바다에 노을 져 깔려 있으면 붉은 빛 바다의 모습은 거룩함 그 자체였다. 밀물에 밀려온 죽은 갈대와 짚북데기, 임자 없는 고무신 한 짝이 떠밀려와 모래밭에 나뒹군다. 세상이 무서워서 산다는 게 겨워서, 한 켤레 고무신 나란히 벗어 놓고 마음의 속세에 몸을 묻고자 홀연히 이 바다에 뛰어들었을까. 이제 나는 자유인이다. 가난에서 해방됐고 기근(饑饉)에서 탈출했다. 이제 나는 갯고랑쟁이가 아니다. 이 바다에 얽매여 구속당하고 살기위한 몸부림에 진저리나고 넌더리가 난다. 그래서 나는 이 바다를 떠나서 살기로 했다.

그래서 떠난다. 미련도 없이 돌아보지도 않고. 그러나 눈물이 흐른다. 내 설움은 아니련만 웬 눈물이... 이 바다의 감사함에 눈물일까?

너 바다여, 생명의 바다여, 은인의 바다여! 생을 이어가고 행복했노라. 이제 그러나 나는 너를 떠난다. 어쩔 수 없이 떠난다. 풍요로 가득한 너 바다는 이제 생명을 다한 고목이 되어 매력도 없이 침몰되어 땅 끝으로 가라앉는다. 산과 들의 흙들이 너를 차곡차곡 덮어 버리는구나. 망해가는 너, 바다의 모습을 보면서 갯고랑쟁이가 울면서 간다.

7월 바다의 우기는 슬픈 듯 쏟아지고 해 뜨면 피어나던 인(人) 꽃도 볼 수 없는 그냥 검기만한 바다.

햇볕 따가운 오후 세시경이면 수많은 소금 무덤이 생기는 염전 개흙바닥을 돌 로우라로 굴려 단단히 고르고 그 위에 똑 깨진 조각을 일명 깸파리를 깔아 바닷물을 잡아들여 볕 좋은 태양에 졸여진 것이 소금이다. 진짜 자연산 천일염이다.

자연으로 얻어진 소금은 염부들이 대나무 밀대로 물속에 희게 응어리 진 소금을 죽죽 밀어 모은다. 한 칸에서 수 십 목도의 소금이 생산되며 소금 창고에 사다리를 걸치고 높이 높이 처 쌓아진다. 이곳에서의 유일한 일자리란 염전뿐이었다.

바다를 가진 고향 곳곳엔 염전이 많았다. 우리나라 최초의 주안염전은 일인들의 손에 의해 만들어진 것이라고도 하고 아니라고도 하는데 내가 알기로 일인들이 만든 것이 옳다고 본다. 어른들께 들은 이야기가 있어서다.

네모난 각설탕처럼 햇살에 응고된 하얀 소금 덩어리를 생산하던 염전이 지금의 5공단에 위치했던 주안염전을 비롯해 남동과 소래 가까운 봉우재 고잔 염전과 북쪽으로 강화 근교에 크고 작은 염전이 많았다. 그 시대 염전은 그야말로 삶의 연장이고 입안에 밥 떠 넣어 주는 생명줄이었다. 얼마나 고마운 소금이던가. 소금 농사짓는 이들을 염부라 불렀다.

염전에 다니는 사람들은 변또라고 하던 양은도시락에 점심을 비우고 거기에 소금을 담아가지고 와서 여러 날을 모아 팔아서 쌀도 사고 생활비에 보태 쓰기도 했다.

한마디로 몰래 가져오는 것이니 도둑질이나 다름없었다. 아무리

더운 여름날이어도 염전에 다니는 사람들 발엔 무좀이라는 게 없다. 매일 소금물에 발이 절어 감히 세균이 기생치 못하는 것이다. 약이 변변치 못했던 그 시절에 소금물은 굉장한 약이 됐다.

부스럼이나 땀띠 가려움증 따위는 바닷물에 몇 번 드나들면 자연히 치유됐다. 피부병엔 자연 소금물이 최고라는 걸 민간요법이라고 말하고 싶다.

극성스럽지 못하면 늘 배가 고프던 시절, 사람들은 삭쟁이나 솔가래를 긁어모아 동그랗게 동을 지어 지게에 걸머지고 나가 팔았다. 그리고 가끔 남의 집 일이나 해주는 정도이니 궁핍은 날이 갈수록 더했다.

그야말로 굶기를 밥 먹듯 하는 사람들이 많았다. 필사적인 목구멍 치닥거리에 인생을 건 듯 심각했으니 말이다. 노숙자, 거지와 도둑이 승했다. 도둑들은 거의가 담구멍을 뚫어 가져가는 것이 유행이었다. 얇고 흙으로 바른 곡간이거나 토광이고 보니 그게 더 쉽고 편했던가 보다. 월남전이 횡행하던 그때 전장에서 부서진 군용차량들의 잔해가 인천항을 통해 들어왔다.

폐차장에 가기위해서 가좌동을 거쳐 지금 가정동쯤 있는 폐차장으로 실어 나르는데 나룻 터에 사는 수영이, 충근이등 너댓 명이 고물 잔뜩 실은 낡은 제무시 털털 거리며 느리게 가는 자갈길에 먼지가 자욱하다. 그 틈에 차에 뛰어올라 길옆으로 고철을 집어던져 팔아서 나눠 갖고 차 운전수는 알면서도 얻어 터질까봐 내리지도 못하고 얼간이가 되어 운전만 한다.

그뿐이랴? 미군부대 카투사 운전병들과 작당이 되어 휘발유를 길거리에서 빼서 팔아먹던 임정선 휘발유 도둑의 대부. 멀찌감치서 망을 보고 신호해 주는 놈이다. 잽싸게 처리하는 놈, 판매책, 이래서 정선이 밑에 하수인이 몇 명 됐고 잔 돈 푼이나 겨우 얻어 쓰는 멍청한 일당들도 있던 그때였다.

생의 열망(熱望)에 체면이고 나발이고 가릴 것 없던 생존 경제의 가난한 세월 속에 반가운 소문이 나돈다. 많은 사람들이 먹고 살 수 있는 철배 수리소가 나루터 보도지에 들어온다는 소문이다. 사람들이 모여 들고 시끄러웠다. 남자는 페인트칠을 하고 여자들은 깡깡 망치로 배의 부식된 녹을 털어 낸다. 별 장비도 없이 녹을 털다 보니 눈에 쇳가루가 튀어 들어가 저마다 눈 고생들이 많았다. 겨우 애 엄마의 젖이나 한 방울 눈에 떨어트리는 것이 전부로 약을 대신하며 억척들을 부렸다.

똑같은 입장에 있으면서도 호기를 부리며 거들먹대는 놈들이 있다. 한마디로 심술 패, 깡패 그런 종류로 일감을 차지하려고 싸움질을 해댄다. 암컷 하나를 놓고 여러 수컷이 힘겨루기를 하듯 본능적 동물과 다를 바 없는 삶의 영역싸움. 이런 치열함 속에서 날과 달이 가면서 개발의 붐은 절정에 이른다. 우리들의 놀이터였던 솔염산이 허리가 잘리면서 깎아 내려지기 시작한다. 내가 목을 틔우기 위해서 서서 소리 지르던 바위산도 무너져가고 논밭이 초토화 되면서 바다가 육지로 변해간다. 황토 흙으로 뒤집어 쓴 바다의 흔적은 이제 보이지 않는다.

어쩌면 그렇게 매정하게 묻어 버릴까. 평생을 몸담아 살아온 정든 집들이 하나둘 헐리고 보잘것없는 가재도구를 리어카에 실고서 시무룩해 하며 정이든 이웃들, 고향사람들이 하나둘 떠나버린다. 망해가는 고향이 서럽다. 날만 새면 누구 네는 어디로 가고, 누구 네는 어디로 간다는 확실치 않은 말들이 남은 이웃들에겐 피를 말리는 비보(悲報)일 뿐이었다.

잘 가세요. 잘 있어요. 눈 이슬에 얼굴 제대로 보지 못하고 수줍은 듯 돌아서 훌쩍이는 뒷꼭지만 보인 사람들. 10년 100년 울타리 너머로 떡 나눠 먹으리라던 그 소박함이 이제 청천벽력(靑天霹靂)으로 천둥에 이르니 이별의 인사에 감동만 하고 있을 여유의 기간도 나에겐 줄어들었다. 남은 사람들에게 마지막 손을 흔들면서 나도 가야할 시간이 다가 온다.

멀리 갈 곳도 없다. 여기는 내가 태어난 고향이 아닌가. 눈 안에 있는 고향 가슴 가득히 담아둔 고향 이 고향을 나는 못 떠난다. 다들 떠나가도 나는 남아 고향 지키는 외로운 등대가 되리라. 수문장이 되리라. 아! 횃불 들고 밤 게 잡던 고향의 밤바다여! 이젠 아련한 추억이련가!

제30장

[향기로 살고 싶어]

나도 이제 나이가 나이니 만큼 내면에 철이 들었나. 못 다한 것은 남겨 놓아야 될 것 같은 아쉬운 마음속에 미련 있는 정리가 하고 싶어진다. 삶의 굴곡에 이제는 지쳐 버린 몸과 마음의 공허함에 태양처럼 강렬했던 도전적인 내 고집들이 침식되어 쓰러지는 모래성처럼 그렇게 가라앉나 보다. 달리는 차속에서 밖을 내다보면 무수히 스치는 풍경처럼 어제 그리고 내일의 운명들이 주마등처럼 고속 필름이 돌아가듯 만감이 교차한다.

인생이 세월을 낚는 것인지 시절이 인생을 낚는 것인지 할 일은 많은데 해는 너무 빨리 지고 무거운 마음의 짐 지은 이 가슴은 안달이 난다. 내 마음은 내가 다스려 보자. 욕심에 지친 고단한 몸을 뉘어 깊이 잠들어보자. 현실을 잊어버리고 세상을 잊어버리고 육신도 정신도 죽은 자가 되어 세상 것을 다 잊어버려라. 인간사 특이하게 너 하나만 고충으로 사는 것 아니니 애써 미련스럽고 고단한 네 인생을 자초치마라. 그래 그게 좋겠다.

쥐뿔이나 하나에서 열까지 잘난 것 하나 없는 주제덩어리가 되지 말자. 모나게 튀지 말자. 그냥 둥글게 그냥 그렇게 살자. 능력도 요것뿐이고 내 복도 요것뿐이니 여기서 더 곱하지도 말고 빼지도 말자.

한낱 만용으로 광기(狂氣)를 부리며 살아온 것 같은 지난날들의 극치에 미안함으로 사과하고 싶다. 내 마음에 가한 학대와 질책에 대한 사과 말이다. 연 남보라의 향 짙은 쟈스민 향기처럼 살도록 하자. 새로운 사랑과 인생의 목표를 정하고서 타고난 천성은 이대로 착하게 청렴하게 백합처럼이라면 더욱 좋으리. 여유가 있어 한껏 인생을 즐기는 저들과 하나 되어 동화(同化)되는 부러움의 들뜬 마음 같은 걸랑 눈을 감고 심기를 흐리지 말아야한다. 솔직히 나는 늘 저들과 같아 질수 없다는 생각으로 작게나마 내 마음을 접었고 나만의 취미와 여유 없는 내 생활을 차별화시켰다.

부러워 할 것도 없고 시기할 것도 없는 나 이외의 별세계(別世界) 사람들로 생각했다. 그러나 나도 오기가 있고 생각이 있다 보니 가끔은 이런 생각도 하게 된다. 단단한 빙하 북극의 얼음산도 언젠가는 녹듯 밑바닥 나의 현실도 언젠가는 해동될 것이니 조급해 말자. 무던

한 등신이 되자.

세월은 차별 없이 나를 기다려 줄 것이고 나 또한 건강하게 인내하고 견딜 것이니 약속으로 손가락 걸며 희망을 예약했다. 소박한 약속 속에 미래는 마음속에 감추어 두었다. 언젠가는 반드시 이루어지리라는 믿음을 마음에 두고 사랑의 계절 뾰족 집의 꿈이 날아간 오랜 시간속의 애 마름에 멍들어버린 내 인생. 담쟁이넝쿨이 타고 넘는 뾰족 집이 아니더라도 고급스럽지 않은 전원주택에 박을 키우고 봉숭아 심어진 작은 꽃밭, 계절의 미각(味覺)을 맛볼 수 있는 과일나무를 심고 그늘에 앉아 낭만의 선율로 기타를 치리라.

텃밭 일궈 무공해 싱싱한 채소를 얻고 뜰 앞에 물고기 노는 작은 연못을 만들고 흙 무너지는 언덕배기에 뿌리 왕성한 양싸리를 심어 아늑한 울타리를 만든다. 개똥 주워 모아 밑거름으로 호박을 심으리라. 새소리에 잠이 깨어 이슬 머금은 산길을 산책하고 새벽운동에 건강을 신경 쓰리라. 구수한 된장찌개가 오른 식탁에는 지천으로 피어 있는 이름 없는 잡꽃을 화병에 가득 꽂고 몸에 좋은 유자차로 하루를 열리라. 심산유곡(深山幽谷)의 나그네 되어 시를 쓰고 알맹이 다닥다닥한 방울토마토처럼 많은 나의 이상(理想)을 실현해야 한다.

'생활이 그대를 속일지라도 슬퍼하거나 노하지 말라' 이 말을 거울삼아 행복은 마음속에 있다는 것을 믿으며, 차분히 느긋하고 여유 있게 세월을 잊는 좌불이 되리라.

작은 것에서 흥분과 기쁨을 얻고 싶다. 나눔을 실천해야 하는 의지할 곳 없는 사람들이라든가 양로원, 고아원, 장애 재활원 등 사람들이 돌아보지 않는 구석진 그늘의 외로운 이들을 위해서 작은 마음을 함께하는 동참의 독지가(篤志家)가 되고 싶다.

나의 꿈과 희망이 펼쳐질 무대이자 안식처로서의 정착지라면 비릿한 바다 냄새가 물씬한 역사의 유배지 강화도가 될 것이다. 이 꿈이 실현되는 날 나는 어렵게 지키던 고향을 떠나야 한다. 미련 없이 가야한다. 고집스러움에서 탈피하는 모험 속에서 새로운 걸음마를 해야 한다. 푸른 강물에 갇혀버린 강화도는 내마음속 선망의 대상이다. 살아보고 싶은 곳 산이 좋고 물이 좋다. 그리고 산 역사의 증인이 많은 곳이라서 좋다. 억울하게 역적으로 여기 강화에 유배되어 한 많은 인생을 마친 그들의 원혼을 모아 향을 피우고 제를 올리리라.

머리를 풀고 구천을 헤매는 넋이라도 정성어린 물 한 대접에 감화로 나를 도와주지 않겠나. 위대한 나의 아름다운 그림들이 벌써 눈에 보인다.

원대한 나의 차질 없는 계획을 앞세우려면 정신건강은 물론 체력적 건강이 우선이다. 건강한 부모님의 혈통 탓으로 아직 몸이 아프다거나 보약을 먹어 본 적이 없다. 늘 운동을 일과처럼 해왔고 정신건강에도 신경을 쓰지만 생활고에 뒷맛이 개운치 않다보니 늘 머리가 아프다.

마음의 짐 보따리를 집어던지고 강화도에 입성하는 날 나는 무안한 행복을 느낄 것이며 삶이 무엇인지도 그때서야 알 게 될 것이다.

보험사 외판원이 나에게 뽑아다준 컴퓨터 운세. 나의 운명은 52세가 한명(限命)이라 하더라만, 허나 내가 누군가? 90이 넘게 장수하신 어머니 아버지의 셋째 자손이 아닌가. 아버지보다 어머니보다 더 장수하여 마른 벽에 똥칠을 할 때까지 건재하리라. "명(命)" 신이여 이 못난이에게 자비를.

제31장

[나는 나일뿐입니다]

어린 시절 5월의 고향 하늘은 늘 푸르고 아름다웠다. 지금처럼 공해에 찌든 안개 덮은 그런 하늘이 아니다. 건드리면 톡하고 터질 듯한 비취 빛 하늘에 점점이 떠 있는 흰 구름은 그림이었고 아이들은 하늘에 뜬 구름을 그림으로 그대로 도화지 위에 그렸다. 목화솜 구름 사이로 굉음을 내며 쌕쌕이가 날아간다.

한참을 고개 들어 하늘을 나는 쌕쌕이를 올려다보고 나면 어지럽고 고개가 아팠다. 더 멀리 날아 까만 점이 되어 안 보일 때 까지 신비로움으로 바라다보는 유일한 구경거리이기도 했다.

어느 것 하나 예사로 보지 않고 연구적으로 바라보고 관찰하던 어린 나의 감성적 성품이 고질적이리 만큼 평생의 성격이 될 줄은 정말 모를 일이었다. 이래서 정신적, 육체적으로 사서 고생하는 고달픔이 줄곧 나를 따라 다녔다.

이렇듯 매사 감성적 성격 속에 양심과 정의 또한 내마음속에 자리잡고 솔선이라는 앞잡이로 가끔 화근이 되는 우(愚)도 범하고 산다. 솔선(率先)이 참견을 하게 되고 남의 일에 감 놔라 배 놔라하는 선방의 잘난 체가 경멸의 위기까지고 몰고 온다. 나에게 이건 큰 고질병이 아닐 수 없다. 그러나 어찌 정의를 보고 격려와 박수가 없을 수 있으며 불의를 보고 어찌 냉소하며 고개를 돌리랴. 나 하나쯤이야 하는 못난 생각을 가진 인생은 이 세상에 설 자격을 상실한 사람들이다. 목구멍에 쌀 알갱이를 넘기니 살아 있음이고 이목구비 멀쩡하여 움직이니 사람이거늘 이미 죽어버린 살아 있는 귀신일 뿐이다.

잘 배워서 훌륭한 사람이 아니다. 못 배우고 몰라도 인간의 존엄이 무엇임을 분명히 알면 훌륭한 사람 배운 사람 못지않은 것이다. 자신을 속이고 남을 우롱하며 은근 슬쩍 사기성으로 세상을 살려는 되지 못한 부덕(不德)한 방종(放縱)의 인간 이하들의 움직임이 세상을 더럽힌다.

선(善)은 승리이고 악(惡)은 패배다. 노력으로 모은 값진 황금덩어리를 쪼개서 자식에게 투자한들 근본이 그른 자신으로 하여금 무엇을 자식에게 기대하는지 묻고 싶다. 일자무식이 되더라도 사람다운 사람 그것 하나면 족하니 멍한 인생살이에 희희낙락(喜喜樂樂)한 거만한 자들이여! 자신에게 빌고 하늘에 용서 받으며 정의의 벌판으로 달려 나오라. 칭찬은 어른이나 애나 기분 좋은 일이다. 쑥스럽고 겸손함도 똑같다.

나는 주위로부터 칭송과 신뢰로 대우 받으며 심지 깊고 똑똑한 사람으로 오해 받으며 산다. 오해라는 말은 나의 겸손을 대신한 말이다. 인정받고 믿어주고 자신들의 마음을 나에게 주고 싶어 하는 그런 사람들이 많아서 어쩌면 행복한지도 모른다. 부와 명예보다도 더 값지고 귀한 덕망이 아닌가 한다.

약속은 나의 철칙이다. 다만 없고 찌들다 보니 금전적 이유라면 그런 약속쯤은 실수도 하지만 최대한 노력하여 신뢰를 거스르지 않도록 한다. 과대망상(誇大妄想)적인 나의 고질 습관, 이것 또한 두 부모님의 영향이 아닌가 한다.

쌍곡선을 그으며 까맣게 달아난 어린 시절의 그 쌕쌕이가 기억나듯이 두 부모님의 생각이 늘 떠나지 않는다. 낳은 정 기른 정 차별 둘 수 없는 크나큰 사랑 앞에 편견 아닌 편견에 자라면서 아버지의 사랑이 부족했나 싶음이 마음에도 와 닿지만 자식에 대한 두 분의 사랑은 가를 수 없는 것처럼 하나 된 두 분 곧 아니시면 이 몸 어찌 이 세상에 살아 있을까.

'99년 10월 환란으로 가신 어머님의 시신 앞에 우리들은 모두 죄인이 되어 숙연한 가운데 흘리는 건 슬픈 눈물뿐이었습니다. 말 한마디 없이 차가운 시신이 된 어머님의 죽음은 위대했습니다. 그러나 위대한 어머니의 죽음은 시시했고 초라했습니다. 세상을 보지 않으려

눈을 감은 것으로 끝이 났습니다.'

차가운 어머니의 시신에 몸부림치며 오열한들 다시는 눈을 뜰 수 없는 어머니였다. 오염되어버린 아니꼬운 세상이 싫어서 일찍이 가셨는지도 모를 일이다.

이제 나는 솔직히 고백한다. 굳이 꼭 고백해야 될 일도 아니다. 형제간에 어떤 오해가 있었으면 이 기회에 풀어볼까 싶음에서다.

나는 어머니 아버지를 모시고 살면서 형제들에게 핀잔을 한두 번 들은 것이 아니다. 잘해드리지도 못하면서 왜 굳이 모시려 드느냐고. 그건 내 마음에서 우러나온 부모에 대한 남다른 사랑에서였고 또한 본인 두 분의 뜻이 나였으니 그렇다는 것만 알아주었으면 좋겠다. 당신들 자신이 세끼 죽을 얻어먹어도 "너와 사는 게 제일 편하다"고 하신 부모님의 솔직한 심정을 내가 어찌 설명하여 형제간의 오해를 풀겠는가.

철없는 아이라서 붙잡아 둔 것도 아니고 첫째 아들, 셋째 아들, 막내 네도 있어보고 여동생 순이 네도 있어 봤지만 내가 있는 집만큼 편한 곳 없으시다는 그 말씀 누가 증언해 주랴. 두 분의 자식인 내가 원했고 두 분 자신이 원했던 한 지붕. 동고동락(同苦同樂) 형제들은 나를 미워했다. 그렇다면 왜 너희들은 두 분이 나에게 오시도록 만들었는지 그것을 묻고 싶다. 한배에서 나온 똑같은 자식으로서 왜 부모님 마음 하나 붙잡지 못했느냐 이 말이다. 믿어라 하는 생각에 소홀했던 점. 틱틱거리는 며느리 이웃집 늙은이 대접 탓에 서운함을 드린 너희들 자신을 돌아보라. 네 자식들을 보살피고 사랑하듯 두 분에게

정을 두었던들 왜 이런 푸념이 여기에 씌어 질까.

또 하나의 솔직함은 두 분이 세상 떠나면 나는 나일뿐이라고 형제도 없는 나일뿐이라고 벼르고 벼름을 알기나 하는가? 어느 자식하나 어머님 아버님 몫이라고 쌀 한 됫박 손수 들고 와서 밥상 한번 올린 적이 있으면 떳떳이 나서라. 일 년에 한번 일이만원 용돈이라고 머쓱내미는 것이 전부요 그것이 자식 된 도리요 효도라 생각하면 오산(誤算)이다.

제32장

자주 찾아뵙고 걱정스러워 하는 마음

늘 생각하는 마음과 안부전화, 떨어진 자식들의 도리는 그런 것이다. 이중인격(二重人格)의 타박(打撲) 며느리. 자신의 동향을 감추고 겉모양새만 번지르르해진 남들이 먼저 알고 있는 가면을 내 어찌 모르랴.

넋이 되어 안 계신 부모님 전에 늦게나마 사죄하고 용서로 자식 된 도리와 권리를 찾아라. 망령 든 부모 치닥거리 안하게 저희 나름대로 재미있게 살도록 해 주었으니 오히려 내게 고마워해야 옳지 않을까.

평생토록 병마를 지니고 살아야 할 안일한 며느리 손에서의 동고

동락은 어머니 아버지에겐 짜증스럽고 못된 며느리로 오해가 계셨나는 몰라도 늘 아픈 삶이라서 오히려 늘 걱정해 주시고 거들어 주시면서 살아 온 형편임을 부정할 수 없는 일이고, 또한 솔직히 며느리로서의 자격도 없는 오히려 짐이 되는 퇴물 단지와 같은 며느리임을 내 자신이 시인한다. 나 자신도 불쌍한 인간에 내 신세를 한탄하는 사람이니까. 잘하나 못하나 시부모 모시고 산다고 어느 누구 하나 걱정하며 약값 한번 보태준 일 없다. 시어머니 제대로 못 모시는 며느리로 오해에 이르기 전에 그래야만 하는 사정을 방치하고 바라만 보고 있던 이방인 같은 동기간이 한심스러워 기가 막힌다. 내 떡보다는 남의 떡이 더 커 보인다. 내 흉은 남이 모르는 것 같지만 천만에 제 똥 구린 줄 모르는 것이 생각 얕은 사람들의 됨됨임을 어찌 부인하랴. 거부감이 넘치는 형제 아닌 형제들이여.

배려가 있어라. 세상을 넓게 보고 생각을 깊게 하며 현실과 사물을 분별할 줄 아는 덕인(德人)이 되자. 자신의 의식 속에 양심은 묻어나는 법. 가문에 길이 남을 흉인지 덕인지도 모르고 흘리는 입놀림 늘 당하는 건 나였고 행실 못된 며느리로 유명해 지는 건 어쩔 수가 없었으니 어찌 황새가 봉황의 깊은 뜻을 알겠는가.

상한 심정을 가슴 깊이 누르고 여기에 펼치는 낡은 지난날의 화풀이. 짜증나고 울화치미는 시한폭탄의 감정을 앞세워 자제하고 벙어리 냉가슴으로 잘난 허물, 그 허물은 다 내 것이니 포용으로 힘들어 하지 않으리. 용서하는 자 세상을 가져라.

제33장

[세월 속 현실이 날 묶어 둔 지금]

자연은 위대하다. 그 위대한 자연 속에 내가 있다. 들풀하나 돌 벽 어느 곳 척박한 곳 일망정 한줌의 흙이 있어 뿌리를 내릴 수만 있다면 몸 붙여 생명의 존엄과 고귀함을 여실히 증명하려 애를 쓴다. 한 포기 누가 돌보지 않아도 누가 보아 주지 않아도 좋을 잡초. 생명연장의 몇 알 씨앗을 얻기 위해 세찬 비바람 풍랑과 겨울을 인내하며 무던히도 견디어 내는 잡초 몇 가닥의 가늘디가는 뿌리로 물을 먹고 이듬해 또 다른 봄을 위한 인동초(忍冬草) 같은 질기고 억센 숨 가쁜 선례의 잡초 한 뿌리가 쓸쓸한 바람에 몸을 떤다.

비가 오면 우산을 받아야 하고 바람 불면 옷깃을 여밀 줄 안다.

다섯 자 이내몸 추스릴 수 있는 마의 비법(秘法)은 과연 무엇인가. 남이 살아가는 방법은 참새처럼 입 다물지 못하면서 내 꼴은 이게 뭔가. 일백 년도 못사는 인생, 그 인생의 절반을 살아 온 지금 태산 같은 빚더미와 낡은 13평 연립주택 하나, 몸 아픈 마누라, 도대체 얼마 정도가 필요한지 모르는 시집보내야 할 두 딸, 필사의 기로에 몸마저 생병이 나 있다. 마음도 바쁘고 몸도 바쁜 애 끓는 이내 심사를 누가 알랴.

혼자 속 태우고 혼자 가시방석에 앉은 내 삶의 하루하루. 심장 떨리는 이 고통에서 벗어나고 싶다. 그래서 붙어 있는 생명이 거추장스러워 할 때가 있다. 능력 있는 동기간도 나를 외면한다.

궁지에 몰린 나에게 나약의 손짓이 나를 유혹한다. 실낱희망이라도 있으면 그것은 나에게 빛이고 희망이다. 파산 직전이다. 노도와 같은 옛 고향 앞바다의 파도가 나를 휩쓸려고 성이나 일렁인다.

바람에 문이 덜컹거림에도 내 약한 심장은 아프고 떨린다. 돈 내 놓으라는 빚쟁이의 으름장 그것 때문에 지레 겁이 난다. 맨 주먹 하나로 자수성가(自手成家)해 세상을 안은 삶도 있건만 나는 이게 뭐냐.

기울어진 내 삶은 영영 피어 날 수 없단 말인가. 가는 세월은 잡지 못하더라도 오는 봄은 맞아야 한다. 그렇듯 돈은 없지만 탈출구는 찾아야 했다. 신은 나에게 살아감의 능력과 지혜와 잠재력을 주었으니 희망의 여로에 조용히 감은 두 눈 속이 뜨거워진다.

그리고 서럽게 훌쩍인다. 태어나서 울고 두 부모님 잃은 설움에 울고 돈 때문에 울고 세 번 울었으니 또 다른 이유로 네 번째 울 일은 없을 것이다.

아주 지극히 작은 욕심 하나가 전부인 나 부귀와 영화는 내 복엔 없다. 다만 명예는 내가 가질 수 있다는 자부심 하나. 남에게 기대지 않고 세끼 밥만 굶지 않는 정도면 만족할 내가 가진 희망의 전부다. 초라하지만 소박하고 멋스럽지 않은가.

핏 통 터질 애끓음을 마음 다스려 슬기로 인내하려는 가식적(假飾的) 현실에 몸과 마음은 피폐해 지고 괴로움의 징후를 애꿎은 담배로 메우려니 몸의 기능이 엉망이다. 술은 나와 인연이 먼 기호식품이다. 어쩔 수 없는 상황이 아니면 나에게 있어 술은 필요치 않다. 화난 나에게 술은 필요 없다. 누구처럼 기분이 좋아 한잔, 나빠서 한잔 하는 정도면 난 벌써 알콜 중독자가 되어 팔다리를 떨겠지만 그럴 염려는 없다. 마음이 어수선하면 무엇이라도 만지고 바꿔 놓아야 한다. 제자리를 떠난 내 애장품들, 집안의 분위기가 일시에 달라지지만 올 봄엔 그런 것도 없이 여름을 맞는다.

흔들림이 지나쳐 도를 넘으니 아예 망연자실 손 놓아 눈만 멀뚱거리는 얼간이가 되어 버렸다. 세속에 물든 봉건적 사상으로 일평생을 사신 두 부모님 품에서 어린 아이처럼 기대어 살아옴에 세상물정 까다로운 인생살이 모르고 살아서 살아가는 기술을 터득치 못해서 이 지경까지 오지 않았나 하는 생각도 하게 된다.

돈 하나면 이 세상 어느 것이라도 다 살 수 있는 물질 만능의 이런 사회에서 빈털터리로 버티고 산다는 게 차라리 지독한 고통이다. 생각 속에 빈(貧)과 부(富)가 교차된다. 나의 어려움으로 처자식 마음 고생시키고 가장으로서 아버지로서 위신이 말이 아니다. 빈 수레는 요란한 법. 허풍도 떨면서 얼쑤 얼쑤 너스레 별곡으로 위장된 인생을 살고도 싶지만 내 마음이 허락지 않으니 강 건너 불이고 위선자 같아 싫다.

속이 꽉 찬 양파처럼 살찐 풍요를 새롭게 스케치하기 위해 나 어디론가 떠나고 싶다. 일시적 행각이 사건의 열쇠는 아니련만.

제34장

[바라보는 사람들]

쪽빛저고리 홍 원삼에 떨잠 꽂고 앙증맞은 궁중 여인 분홍빛 치마 살랑이며 그대 오시나보다. 논어에 '눌어언이민어행(訥於言而敏於行)' 이라는 구절이 있다 한다. 이 뜻은 '말은 깊이 생각한 끝에 하고 행동은 민첩해야 한다.' 는 뜻이란다.

말은 그 사람의 인격을 반영한다. 저질적 낭설(浪說)은 손가락질의 대상이요, 품위 있는 말은 좋은 인격으로 인정된다.

옛말에 마음 속 갈무리가 정(情)이요 이것이 밖으로 나온 것이 말이라고 했다. 서양에서는 말이란 사상(思想)의 옷이라고 하여 말의 신중함과 중요성을 강조한 것 같다 했다.

입이 무거운 나는 말을 가려하지만 이 말을 하기 전에 상대의 탐색으로 내가 이 말을 해서 '상대의 반응이 어떨까? 행여 오해가 되지 않을까?' 까지도 생각하고 말을 시작한다. 그리고 너절함 보다는 핵심적인 말로 짧게 긴 의미를 나타낸다. 유식한 사람처럼 말이다. 다만 가까워진 사람 중 이물스러운 정도면 농담과 우스갯소리로 즐거움을 줄줄도 아는 나다. 유머감각이 대단하다고 할까. 남들이 그렇게 말해 주니까 또한 내 자신이 남이 감히 할 수 없는 유머와 행동에 정신을 팔고 있으니까 노력에 대한 연습 삼아 일부러 수다를 떨기도 한다. 실리(實利)로 잠재력의 끼를 발산한다고나 할까. 이러다 보면 하루가 즐겁다. 먼지 나는 공장 안의 지루함도 잊게 되니 도랑 치고 가재 잡는 격이 아니고 무엇이랴.

품위 있는 말과 재치, 밉지 않은 행동에 사람들은 나를 신뢰하고 따라준다. 남자들은 나를 동생처럼 혹은 형처럼 대해 주고 여자들은 자신의 남편에 대한 정성을 나에게도 줄줄 안다. 이건 복이고 행운(幸運)이다. 생각과 성격이 나와 다른 남이 나를 이해하고 가까이 하기까지는 내 자신의 노력 여하도 있지만 미소를 지으며 다가와 준다는 것이 그리 쉽지만은 않은 일이다. 이렇듯 다루기 어려운 인간의 마음도 움직이는 능력이 있으면서도 유독 내 인생에 있어서는 미로(迷路) 속에 허덕이며 헤어 날 줄을 모르는지 알 수가 없다. 돈은 마음대로 만들어 낼 수도 벌수도 없는, 인간의 마음을 쥐락펴락 마술의 성질, 도깨비 같은 존재. 그 돈 도깨비에 홀려 아직 정신이 몽롱한 상태여서 나는 헤매고 있나보다.

왜 내 안사람은 이렇게 나를 어지럽게만 하는지 모르겠다. 한 남자의 아내로서 순종하고 따르며 사려 깊은 내조가 절실히 요구되는, 때까치 같고 속 검은 여자, 속이고 우롱하며 파장의 결말을 나에게 던져주고도 미안함 없는 파렴치한 재수 없는 물건 하나가 나에게 걸려들어 내 인생이 이렇게 되었다면 굳이 들어 줄 사람 어디 있을까.

남의 인생을 엿가락으로 휘어놓고도 죄의식 없는 장한 인물이 내평생의 동반자였다니……. 하늘 보고 누워 침을 뱉으니 그침은 곧 내 얼굴에 떨어지더라.

어머니 마음처럼 푸근한 여자. 진정 사랑이 무엇임을 알고 사는 여자. 진실하나에 인생을 거는 여자. 한 남자의 아내로서 사랑받으면서 진심으로 남자를 위하는 여자. 애교와 정이 넘치는 여자. 알뜰한 내조로 자신을 희생할 줄 아는 여자. 나에겐 이런 여자이어야 한다. 돈이 없어도 마음이 예쁜 여자…….

막히고 가로 놓여 도저히 헤치고 앞으로 나아가기가 힘든 비좁은 신작로. 펑 뚫린 고속도로처럼 내 마음은 언제 시원히 뚫리려나.

제35장

[내가 본 2000년대 미래의 서구]

내가 평생을 몸담아 살아야 하는 이곳 내가 본 2000년대 미래의 서구, 암울한 내 인생만큼이나 절치부심((切齒腐心) 내가 정의하고 싶은 게 있다. 심기일전 사랑의 도량이 내미는 예언이다. 아니 두려움이다.

여기 내 고향 인천 가좌동 어제와 오늘이 다르게 변모하는 고향의 주변을 스케치 삼아 그림 대신 글로 표현하는 미래의 고향은 이럴 것이다 하는 나의 예언을 적어보고 싶다. 세계인과 함께 살아 나갈 2000년대의 서구는 과연 어떤 모습일까.

산고(産苦)의 세월 개항 1백년의 역사 속에 서구는 전형적 농촌 마을로서 순박함이 있고 인정이 넘치는 곳이다.

옛 명칭이었던 '서곶' 이 1988년 1월1일 부로 대통령령 12367호로 승격 인천직할시 서구로 명명을 받으면서 도약의 문을 열어 220만의 급격한 인구밀도와 소규모의 경공업이 한데 어우러져 지금에 이르렀다.

풍물치고 농자천하지대본 드높던 깃발아래 풍성한 가을을 기다렸던 농경지는 점차 사라져 가면서 거대한 인간군림의 콘크리트 우상들이 지형을 바꿔 가고 다양한 생활 여건에 균형 잡힌 전원도시로서의 면모를 갖춰 나아가고 있다. 실로 속성(速成) 발전의 눈부신 쾌거라 아니 할 수 없다. 세계화 차원의 개방정책에 힘입어 옛 대원군의 쇄국정책(鎖國政策)의 고집이 전례였다면 어림도 없는 이야기겠지만 우리 인접국인 중국과의 관계도 매우 우호적이어서 협력의 장을 자주 마련하는 숨가쁜 일정이 꿈이 아닌 현실로 대두(擡頭)되고 있다. 금상첨화(錦上添花)의 일로요 축복이 아닐 수 없다. 농사일에 멀미난 가슴이었어도 좋았던, 이제 눈 감아 보면 잊혀 져 가는 고향 산천 바다 가까운 우리 집. 파도 물거품 그리고 갈매기 짜디짠 해풍이 불어 숨쉬기가 청량감 있던 옛 서곶 그리고 가좌동의 모습이 이제 그리워 할 새도 없이 점차 사라져가고 있는 지금, 나는 이렇게 말하고 싶다.

유능한 공직자들의 짜임새 있는 행정으로 더 이상의 자연 훼손 없이 현재의 모습을 유지한 체 균형 있는 소도시로서의 면모를 갖추어 놓았으면 하는 바람이다.

계획된 경공업 산업 중심의 발달로 인해 예견된 인구 밀집이 폭발적이어서 주택난이 심각한 지경에 이르게 되며 내실을 꾀 하는 많은 주택업자와 도시 전문가가 필요하게 된다. 지역적으로 고루 분산된 소규모 영세 생활가구공장이 우후죽순(雨後竹筍)처럼 난립해 안방 치장의 요람으로 가구 산업의 선구자적 역할로 전국 최고의 가구산업단지가 생겨날 전망이 크다. 필수적 기업 운영의 재테크 필요자금 금융 산업의 활성화로 기업 운영상 난제와 도산이 없을 것이며 금융단의 이자놀이 경쟁에 절대 운영상 어려움이 없겠다.

구민의 요구도 다양해짐에 과거와는 달리 모든 디자인 상품이나 공산품 등등 생필품에 관심의 대상을 집중시킬 수 있는 아이템과 질 좋은 신상품 공급의 필승 기업이 대거 자리지킴을 할 것이다.

신토불이의 우리의 것은 이방인의 차지로 추억속의 별개로 밀려나고 피자와 인스턴트 생활격식이 우리의 상차림이 되지 않을까 하는 염려스러움이 생길 수도 있으며 늘 먹어오던 고집된 김치 깍두기가 밀려나는 푸대접 속에 입맛 또한 변하게 된다. 삶의 질도 최고에 이른다.

대문만 나서면 질 높은 교육의 문이 이웃처럼 가까이 있고 최고의 학벌인 대학이 몇 개쯤 생겨날 수도 있다. 문명이 발달하면 할수록 옛것에 대한 존엄성이 팽배(澎湃)해 짐에 여기저기 산재해 있는 우리 서구 문화재를 관심과 애정으로 보살펴 전면 재현(再現), 복원하는 듣던 중 반가운 소식이 들릴 것이다.

서구를 가로 질러 힘차게 뻗은 고속도로와 영종 신공항이 생겨나며 세계인의 출구로 각광받게 된다. 경인 수로 공사가 완공되어 한강물을 타고 유람선이 뜨게 된다. 서구로 입문하는 세인(世人)의 주목과 함께 많은 투자를 들여 그들 이방인이 머물고 즐기며 쉴 수 있는 기막힌 관광시설이 전망 좋은 곳에 줄줄이 건설된다. 구민 건강 위협 없는 정화된 좋은 물과 오폐수 걱정 없는 체계적 상하수도 정비로 하천에 물고기가 떼 지어 노는 도심 속 냇가를 보게 된다.

첨단 의료장비를 고루 갖춘 종합병의원이 여러 개 생겨나며 늘어나는 자동차 문제에 골치를 앓게 된다. 비약적 농정(農政)책으로 서구민의 식량은 지역 내 생산으로 대체하게 되며 간척지 무공해 쌀로써 질 좋은 품질로 전국 제일의 밥맛 일등미가 농사지어 질 것이다.

단 구민 혈세(血稅)는 늘어나 가정마다 세금 노이로제에 걸리고 예전에 없던 이름 모를 도깨비 세금 용지로 적자 가계의 짜증을 유발한다. 두고 보라. 생활의 불편을 덜어줄 민간 상업의 활성화로 곳곳 틈새 재래시장이 형성되어 생활상의 불편은 절대 없겠다.

싱그러운 바다 내음을 차창에 느끼며 걸리는 시간을 단축해줄 신(新) 전철이 생활권에 놓여 짐에 따라 빠르고 편리한 인력 수송이 원활해지며 서구만이 갖는 천혜(天惠)의 자연 속에 구민의 가슴을 시원하게 해 줄 공원화 사업이 활발해 진다.

노인문제 저소득층을 겨냥한 복지 정책에 있어 논리와 합법적 타당성을 우선하여 완벽에 가까운 체계전환의 전기를 맞게 된다. 즉 황금복지 구현이 실현될 것이다.

현재 사용 중인 생활권 20년 쓰레기 매립장이 잘못된 국민의식과 허례허식의 헤픈 씀씀이에 날로 늘어나는 쓰레기로 계획된 정책과는 달리 일찍이 매립 포화상태에 또 다른 매립 후보지를 찾는 어려움과 많은 예산이 구정에 할당되는 진퇴양난(進退兩難)의 기로(岐路)가 온다.

다방면으로 고루고루 인재가 많은 서구여서 매우 낙관적이다. 끼와 기를 펼칠 수 있는 예술 및 각종 기능의 대부가 속출하며 전통 예를 지켜 갈 문화재 역할의 예인(藝人)이 대거 등장한다. 극성스런 자식 교육의 열정이 어느 때 보다 더 경쟁적이어서 학비 조달에 등골이 휜다. 대신 인의(仁義)로 길러 낸 많은 인재가 등용될 것이다.

자, 그럼 신기루처럼 다가오는 2000년대를 어떻게 대비 할 것인가.

심각한 저마다의 마음 속 숙제로서 미지근한 생각과 엉뚱한 발상으로서는 자칫 대비에 대한 일차적 실패로 커다란 곤욕을 치르게 된다. 행운의 열쇠는 분명히 우리 모두의 것이어야 한다. 해내야 할 우리의 짐이 너무 무겁다. 어떻게 해 낼 수 있다고 약속 할 수 있을까? 서구의 주인으로서 자세 정립과 의연함 침착과 능동 실행으로의 의지 노력 팔 박자가 맞아 떨어질 때만이 가능할 뿐이다. 노력 없이 이루어짐이란 사전에 없다. 자유로운 프로정신 모험과 진취적 사고방식만이 성공의 길이요, 영광된 내일을 후손에 대물림 할 수 있다. 지친 젊은이가 되어서는 결코 안 된다.

우리의 영화는 우리 스스로가 만들어 가야 한다. 서구인이여! 그리고 고향에 몸담아 사는 이들이여! 적당주의는 백전백패(百戰百敗)

실패의 근원인 것을 기억하라. 넉넉한 마음의 투자와 노력만이 이 모든 것들을 이루어 냄을 명심하고 필승(必勝)의 강한 집념과 각오로 축복의 그날을 맞자.

동트는 새벽에 열리는 서구, 우리의 희망과 미래가 열리는 서구-여기가 우리들이 사는 땅덩어리다.

제36장

[빈 잔을 채 우리]

무신론자(無神論者) 나는 믿지 않는 신께 감사를…….

누구보다도 행복하다고 하자. 눈이 있어도 보지 못하고 귀가 있으나 듣지 못하는 천추의 장애를 가진 그들에 비추어 볼 때 나는 사지가 멀쩡하고 또한 건강까지 남다르게 타고난 다행스러운 신의 가호(加護)로 축복 받은 사람 중 하나가 아닌가. 막연한 생활 속에 찾아내는 삶의 아름다움 그것을 인정하고 실천하려 애써보기도 하고 살아 움직이는 재롱둥이 원숭이가 되어 보기도 한다. 그러나 모두 다 나로서는 부질이요 애마름에 남는 건 공허함뿐이다.

이른 봄, 씨 뿌려 여름 한철 가꾸고 가을을 거두는 자연의 법칙은 어김이 없던데, 나는 살아가는 방식이 틀렸던가? 노력의 절반도 못 미치는 따라지 인생고개, 오르막에 늘 허덕이며 파김치가 되는 역겨운 오늘을 산다.

뛰어 봤자 벼룩이던가. 부동자세에 나아가지 못하고 수렁에 빠진 덩치 큰 황소가 되곤 한다. 억울하다고 생각지 않는다. 슬퍼하거나 비관하지도 않았다. 다만 요것 밖에 가지지 못한 것을 팔자소관이라고 푸념했을 뿐이다. 사람이기에 또 가장이기에 아버지이기에…….

가진 자를 부러워하고 시기하지 않았다. 주눅이 들어 살지만 불평도 하지 않았다. 내 인생을 빈정대는 소리가 귓전에 와도 화를 내거나 따지지 않았다. 할 일 없는 사람들은 나를 스타로 만든다. 나를 타깃으로 시간을 보내며 즐긴다. 사사에 큰 인기가 아닌가.

형만 한 아우 어디 있다던가. 가진 건 없지만 매사 한 수 위인 동등한 자신감으로 숙제를 푼다. 세상을 편하게 보고 싶다. 쓸개도 밸도 다 버리고 세상을 보면 그저 편하고 좋은 게 좋은 것이라 생각한다. 동아리 져 빈정대던 그들도 자리를 뜨면 그게 그거.

술이 차지 않은 빈 잔이 되어 버리니 분노에 따지며 얼굴 붉힐 이유가 없지 않은가. 이 세상의 꿈을 다 차지하고 싶은 욕망의 남자가 되어 보지만 현실은 꿈일 뿐 되돌아오는 메아리였다.

어수룩한 자여 마음을 비워라. 그리하면 세상이 열릴 것이니 술이 차지 않은 빈잔, 그 빈잔 그대로가 좋은 것이니 마음을 태우고 비워도 닫힌 세상의 문은 열리지 않는다.

언제나 빈 잔에 나 혼자였다. 누구도 나의 대변자가 되어주지 않는다. 살과 피를 나눈 형제도 일평생을 같이 해야 할 마누라도 열 달 배 아파 낳아 기른 자식도 모두다 나에겐 복(福)이 아니라 피해를 주는 자들이었다.

오늘 해가 서산에 지면 다시 내일 아침을 기다려 맞이해야 하듯 기다림으로 일관하자. 추억은 많아 더러는 미소로, 더러는 눈시울을 뜨겁게도 한다. 일곱 빛 무지개 꿈만을 엮어서 나 여기까지 온 50평생 이제 무지개는 다시 피어오르지 않으려나.

하늘이여, 무심한 하늘이여. 그대 드넓은 품 아래 이 작은 몸뚱아리 하나 내동댕이쳐진 체 방황하는 가엾은 중생 하나 기꺼이 거두소서. 여명(餘命)의 불빛으로 길 밝혀 문드러진 몸과 마음에 새 빛을 주소서. 종자 좋은 수수대가 쑥쑥 커서 하늘을 지키듯 기왕에 태어났으니 한번쯤은 기가 좀 살아 봅시다.

서리 맞은 호박잎이 되기는 싫소. 허리 잘려 늘어진 쑥대라니 그게 웬말이요. 나 생전에 죄 지은 일 없소. 죄라면 태어난 원죄 하나 죄목 없는 죄인도 있답니까.

남에게 베풀고 밑지며 살자함이 나의 생활신조요, 사랑으로 가득한 가엾은 나그네 나를 증인해 줄 사람은 당신 하늘아래 많소이다. 하늘 당신이 맺어 준 일백년의 원수 마음 맞아 잘 살면 얼마나 좋겠습니까. 이 잘난 인연마저도 내 것이 아니었으니 도대체 나는 어떤 모양새로 살면 됩니까?

주책 맞은 청승으로 넋두리나 하다가 머리 쉬고 눈 어둡고 등 굽을 때 까지라면 차라리 나에게 날 벼락을 선물로 주오. 세치 혀 내밀고 눈 감으면 모두가 끝이 아닙니까?

죽은들 고통을 알리오. 마음 아픈 일 있겠소? 책임질 일 있겠소? 고통 있는 자만이 느낄 수 있는 아름다운 평화를 말이오. 차라리 이대로라면 하는 마음에 하늘의 문을 수없이 노크하고 싶었소이다.

죽고는 싶은데 감기가 걸릴까봐 물에 뛰어 들지 못하는 나약한 바보 자살주의자처럼 핑계도 있소만, 내 잠재적 능력, 깊은 생각, 이런 것들이 나를 요행히 살려낸 주범들이라고 억지 부인 않겠소.

나는 잘난 사람이 되고 싶었소. 꿈이 많고 하고 싶은 일 많은 것도 죄가 됩니까? 아니지요, 그건 아니지요.

제37장

[감사의 그늘]

패랭이꽃 피어나 한들거리는 실개천 고향은 이제 없다. 인자하고 정겹던 어머니의 얼굴 아버지의 그 얼굴도 이제는 없다. 북망산천 덩그러니 뗏장 밑에 잠들어 보는 자식들의 눈시울만 뜨겁게 할 뿐이다.

폐허 뒤에 남은 기둥처럼 고향의 뿌리 칠남매가 있을 뿐이다. 그 옛날 여름밤, 밤이슬 맞으며 마당에서 들려주시던 어머니의 고생스러웠던 이야기는 수 십 년이 지났건만 지금도 잊혀 지지 않음은 웬일일까?

나는 지나친 감상주의자가 아닐까? 생각은 고향 속으로 빠져 들고 몸과 마음도 이미 고향에 묻혀 착각할 정도로 현실도 승화하려 애를 쓴다.

옛것을 버리고 어제는 잊고 오로지 오늘 현실에 살아라. 그러나 그런 말은 내가 기억하고 실천하고 싶지 않은 구조물에 지나지 않는 것들일 뿐이다. 어제와 오늘이 다르게 변하고 밝아지는 세상이 두렵고 싫다.

사람이 사람다운 세상을 살 수 없는 세상이 펼쳐지는 것이 한스럽다. 어찌 세월은 세상을 이렇게 망가뜨리는지 모르겠다.

나는 이 세상이 아무리 변한다 해도 따라가지 않는다. 다만 얽매여 살 뿐이다. 그리고 내 사고력과 내 사고방식으로 살아간다. 세상은 고칠 수 없는 중증환자로 미쳐있다. 고칠 수 있는 병원도 없다. 더 이상 이 이상의 미침을 예방할 수 있는 처방은 없다. 그것은 자신만이 고칠 수 있는 자각(自覺) 주사요법(注射療法) 그거 하나다.

마음도 행동도 옛것으로 옛날 속으로 돌아가면 되는 것이다. 세월이 가도 변하지 않는 하늘과 푸른 산을 올려다보라. 도도하지만 편안하지 않은가. 그것이 곧 우리의 마음이어야 한다. 이 세상의 주인은 우리 인간이 아닌가. 악과 선, 비행, 시기, 열정, 혼란, 이것도 제조자는 우리들이 아닌가? 없던 것을 있는 것으로 만들어 내는 건 창조이자 두뇌회전이라고 하지만 묵묵하고 바보스럽고 어수룩함이 나는 좋다. 모나지 않고 되바라지지 않고 방종하지 않음이 나는 좋은 것이다. 21세기에 사는 나지만 시대에 뒤떨어진 옛날 언제 적 마음을 갖고 살지만 내 마음이고 내 천성(天性)이니 어이하랴.

이렇게 생각과 마음이 꼴찌의 대열에 있으면서 남보다 튀려고 했던 지나간 과거사는 알다가도 모를 일처럼 미지의 숙제처럼 나도 아리송하다. 마음과 생각과 행동이 시대를 초월하지 못한 탓은 결코 아닐 것이다.

돈도 없고 운도 없고 시대를 잘못타고 태어났으며 직선(直線)으로 가야 할 길을 피해서 돌아가다 보니 해는 서산에 지고 어두워지는 밤이 되어 길을 잃은 것뿐이니라.

남도를 안고 도도히 흐른 강물에 배를 띄웠지만 때 아니게 비바람 강풍(强風)이 휘몰아쳐 내 배는 전복되고 구사일생으로 나만 겨우 살아남은 꼴이다. 남모르게 내 자신을 내가 비아냥거리며 일생을 바칠지도 모른다.

오늘은 어머니가 가시고 세 번째 맞는 한가위 추석 명절이다. 이때면 어머니는 남에게 뒤질 세라 음식 장만에 헌신적이셨다.

술을 담가 따뜻한 아랫목에 술독을 두꺼운 솜이불에 싸서 앉혀 놓으셨고 각종 전, 부침에 송편을 빚고 아버지가 좋아하시는 감주를 만드셨다. 어린 우리들은 그저 먹을 것이 많으니 좋기만 했다. 달이 없는 한가위 오늘밤 툭탁거리며 쏟아지는 빗물소리라도 들으며 고향 속으로 빠져 들고 싶다.

삼베적삼이 철퍼덕거리듯 더운 여름날 콩밭을 매다 우물가 옆 작은 밤나무 그늘에서 새참으로 먹던 그 밀 장국 맛은 어머니의 손맛이건만 늦가을 큰골 다랭이논 벼를 베고 발이 시려워 펑펑 울던 그 기억, 작은 집 수수밭 둑 밑 경삼이네 논에서 우렁을 잡던 일 그리고 그

논은 크고 넓어서 겨울이면 우리들의 놀이터로 썰매와 팽이를 치던 얼음판. 유난히도 추웠던 어린 시절 오동지 섣달에 능안 고개에 이르면 세찬 바람과 함께 하얗게 밀려오던 바다 성해장의 흰 장관, 스슥 까먹는 참새가 얄미워 허수아비를 세우고 깡통을 두드려 대며 워이 워이 허공에 소리 지르던 수수밭 둑 위의 나.

이런 저런 아련한 추억들을 얼마나 더 기억하며 살아가려는지 천만다행(千萬多幸)으로 이렇게 글로서 남겨두니 영영 잊을 리는 없겠지.

나이 먹지 않고 늙지 않는 한 평생을 생각조차 하지 않던 나도 이제 50고개를 넘어 흰 머리카락에 주름이 잡히고 늙음을 실감하고 있다. 에고야, 이게 뭔 일이라니.

제38장

[얼싸둥이 칠남매 이력서]

두 부모님의 유산으로 남겨진 우리 칠남매 인생살이는 참으로 미묘하다. 피를 나눈 형제자매가 오순도순 한집에서 영원토록 살지 못하고 때가 되면 의무인양 남의 가정에 손을 이으려 떠나야 하는 여자의 일생. 그와 반대로 남의 귀한 여식을 아내로 맞아 내 자손을 잇는 남자들의 의무 종족 번식을 위해 신은 아마도 미묘한 인연을 인간에게 벌로 주셨나 보다.

우주 만물이 이치가 하나 되니 씨를 남기고 죽어가는 건 인간이나 자연이나 그 법칙은 다를 바가 없다. 아니나 다르랴? 우리 칠남매를 낳으신 두 부모님은 가셨다. 그리고 우리들만이 남았다. 남은 우리들은 시집가고 장가를 가서 우리의 뿌리를 낳아 기르며 산다. 대대손손(代代孫孫) 그래서 지구는 만원(滿員)인가 보다. 6.25전쟁이 발발한 1950년대 피난 간 충청도 땅 거기에 큰 누님은 남겨져 낯선 곳 낯선 시집살이로 새로운 인생을 시작하며 형제들과 헤어져야 했단다.

나의 솔직한 심정이지만 동기간의 입장에서 큰 누님과의 정은 없다고 하자. 두부모님이 살아 계실 적에도 수년간 한번 볼까말까. 자식으로서 동기간으로서 뜻밖의 누님이라서 그나마 정이 있을 리 없고 같이 한솥밥을 먹어 본일 없는 누님이고 보니 더욱 정이 남을 리 없다. 억척 구두쇠 농사꾼의 아내로서 일에 파 묻혀 집 떠난 날이 없다고 한다. 어쩌다 부모님 뵙기 위해 수년에 한번 올라오심도 벼르고 별러 오긴 오나 집 생각에 조바심으로 안달하신다.

뜨거운 피 하나 나눈 동기간이라는 말뿐 애틋하거나 아련한 정이 없음을 고백한다. 다만 둘째 누님과 형만큼은 같이 살아 보았으니 내가 알 리 없는 깊은 정이 있는 가는 모를 일이다. 옥순이 누님. 누님과 정이 없음을 시인하는 동생입니다만 마음 속 내면(內面)의 정인들 진정 없겠습니까? 늘 건강하시고 다복하셨으면 하는 마음은 항상 있습니다.

둘째 누님, 효순이. 이름만큼이나 부모님 살아생전에 자식 된 도리 다하시고 동생들 걱정 많이 하시고 처녀 때부터 방직공장 공원으로 일찍이 돈벌이에 나서 어머니 아버지께 도움을 주셨고 미약하나마 동생들 뒷바라지 하다가 늦은 나이에 별 볼일 없는 매형 만나 시집살이 고달프고 역겨운 시집살이에 눈물도 많이 흘리시며 60고개 인생에 도달하신 누님.

신세 편한 지금 나이까지도 네 자식 뒷바라지에 머리가 쉬고 근심으로 세월을 사시니 내 마음이 정말 아프다. 이제 생활이 좀 피어 고생에서 멀어지나 싶더니 아이들의 잘못이었던지 일순간에 운(運)은 사라지고 또 같은 세월에 이르렀으니 정말 걱정스럽다.

유원지 월미도 바닥에서의 길거리 행상의 끝은 언제가 되려는지 형제중 제일 내 마음에 걸리는 누님이고 나에게는 어머니 같은 누님이시다. 풍성한 생활이라면 우리 동기간들에게 인색하지 않으실 넓은 아량과 정이 넘치는 월미도 누님은 언젠가는 그 복을 누리실 것이다.

두 분 누님 밑에 셋째 형, 허 자형님으로 부르기가 거북스러울 만큼 지금 나와 수년째 오가지 않는 이산(離散) 형제로서 내 마음 속에 오랜 딱지가 붙어 있다.

이 오래된 염증의 딱지가 떼어지기 힘든 이유가 그리도 깊던가? 나는 아니다. 그리고 내일이 아니다. 가신 두 분의 이유로 내가 그러는 이유다. 더 깊은 이유라면 장손이라는 이유가 더 크다. 큰 자식으로서 두 부모님에 대한 차별화된 도리에 내 마음이 열리지 않는 것이다.

평소 어머니 가슴에 애물이 되어 마음고생을 시켜 주었고 끝내 자식 된 도리를 외면한 그 품행이 서러워서다. 모든 건 접어 두더라도 늙은이 죽어도 연락하지도 말랬다는 그 악마 같은 외마디에 하늘이 무너진다. 어머니나 아버지가 무얼 어떻게 잘못하여 그런 외마디 폭언을 했는가는 모르나, 설사 했다 한들 노인 망령으로 이해할 수 있는 자식이 되었어야 했다. 두 부모님이 갈고 닦은 공덕으로 몇 푼 안 되는 알량한 재물 멋대로 풍비박산(風飛雹散)한 장본인이 누구던가.

밑에 동생들 어리다고 자신 멋대로 헤프게 써 버리고 빈손이 되어 시집가고 장가 갈 때 동생들 구두한 짝 양말 한 켤레 형으로서 예의 갖춘 적 어디 있었던가.

형은 우리들에게 할 말이 없는 사람이며 차갑고 인정머리 없는 이해 할 수 없는 사람이다. 그릇된 형님의 이면(裏面)을 더 이상 속속들이 날인하면 점점 형과의 골만 깊어질까 두렵다.

팔남매가 칠남매로 줄어든 것은 일찍 세상을 떠난 작은 형 때문인데, 큰형 밑이자 내 위에 아들로서, 이름이 승이었고 홍역으로 갔다는 두 가지 외엔 아는 게 없다. 저 세상 먼저 간 승이가 살았더라면 내 위의 형으로 내가 다섯째가 됐을 것이다. 어찌 생겼을까? 아버지를 닮았을까? 잘도 생겼다고 하신 말씀이 기억난다. 먼저 간 형 대신 내가 태어났나 보다. 내 대신 승이 형이 살고 내가 태어나지 않았으면 좋았을 걸 그랬다. 빈약한 체구로 나는 생활의 우여곡절도 궁색하지 않았다.

그저 자고 나면 일, 일. 그 많은 일을 내 어찌 다 해냈는지 신기할 정도다. 농사짓는 동안 어머니는 늘 나를 애석하게 생각하셨다. 나는 나를 이렇게 평가한다.

꿈과 생각이 풍족한 사람이라고. 온 책 한권이 온통 나만의 이야기고 보니 여기에 더 무엇을 어떻게 쓸까. 다양하고 변화 있는 어제와 오늘을 사는 사람이었다고 말끝을 흐리고 싶다.

춤추고 노래하고 연기하는 내 서막의 오페라는 이제 여기서 막을 내린다. 가방끈이 짧은 우리 칠남매 무식한 아버지는 일찍이 학식에는 관심이 없는 분이다. 공부를 하고 안하고는 본인들의 뜻에 따라 아버지와는 별 상관이 없어도 됐을 터였다.

나와 세 살 차이인 동생 선이는 중학교 졸업을 했던가. 이상하게 선이에 대한 기억은 흐리다. 동화기업 원목장 우인치 조수로 어른들과 어울려 돈 벌이를 했고 우인치 고리가 튀어 와이어 줄에 얼굴을 맞아 일그러지다시피 얼굴이 상했던 모습이 지금도 가엾다. 그러다가 누구의 주문이었던지 포크레인 조수 생활로 중장비 기사가 되어 서울로 가더니 결혼도 하게 됐고 억척으로 돈을 모았던가. 자신이 운영하는 차주가 되었고 서울에서 오랫동안 기반을 닦은 이젠 서울 사람이 된 동생이다. 그야말로 홀로서기로 자수성가를 한 셈이다.

여섯째 여동생 순이는 이름이 어울리지 않을 만큼 사람이 쌀쌀맞다고 할까. 성격이 붕어처럼 팔딱거리는 타입이라서 파르르 죽어 넘어가기를 몇 번이었던지. 일찍 아버지 어머니 그리고 우리들 품을 버리고 객지로 떠나 소도 타 보고 말도 타본 역경 속에 인생살이 공부를 누구보다도 많이 한 파란에 대해 베테랑이라 할까? 오빠로서 감추어 줄 수 있는 아픈 기억은 잊어버리더라도 당차고 똑똑한 면이 있는 화끈한 동생이어서 좋다. 다이나믹한 욱하는 폭발력 그거 하나는 나무라고 싶다. 자제력이 부족한 것이다. 오빠의 충고라면 참지 못하는 자제력 없는 성격이 언젠가는 화가 될 수도 있다는 걸 걱정하고 싶다. 사회의 일원으로 이제 자동차 학원에서 원생들의 출퇴근 기사로서 열심히 살아가는 모습이 아름다워 보인다.

늦둥이 막내 윤이는 어머니 마흔 여덟에 늦둥이로 태어나 누구보다도 더 금이야 옥이야 귀염 속에 자란 막내다. 아버지는 늘 무릎에 앉히고 밥을 씹어 입에 떠 넣어 주셨다. 그때는 위생 따위는 생각조차 안하던 시절이었으니 더럽다거나 아연질색 할 시절이 아니었으니 천만다행이었는지도 모르겠다. 나는 늘 장난감처럼 막내를 데리고 놀았고 등에 업고 다녔다. 꺼떡하면 내 잔등은 뜨거운 오줌 물에 젖어 척척했고 광목 기저귀도 어느 때는 내가 빨았다. 막내는 나의 사랑이었고 나의 요람이었다.

똥오줌 가려주던 막내가 어느새 사십이 훌쩍 넘어 오십 줄에 이르니 세월은 유수(流水)라더니 우리 칠남매가 고령 나이에 중년이 되었으니 말이다.

폭양의 나라, 모래의 나라 사우디에서 4년이라는 긴 세월을 자신의 업을 위해서 무던히도 견디며 보람으로 일관하여 집을 마련하고 장가를 들어 두 자식의 아버지로서 부상한 오줌싸개 막내가 내 곁 이웃에 살고 있다. 뚝뚝하고 멋대가리는 없어도 질긴 인내력, 직업에 충실함은 타의 모범이 된다. 이제 같이 늙어가는 처지에 있지만 막내라는 편견에 아직도 나는 막내를 사랑하는 마음으로 충고하고 싶고 가르쳐 주고 싶고 잔소리 하고 싶은 것이 너무나 많다. 내 앞가림도 못하면서 감이야 곶감이야 참견하고 싶은 것은 형이라는 허울로 생색 내려는 허구가 아닐까. 형만 한 아우 있다던 가.

충성이 평생을 보장하는 시대는 지나갔다. 우리가 부모에게 효도하는 마지막 세대고 자식에게 버림받는 첫 번째 세대이자 마지막 세대가 되었으면 싶다.

아버지는 한 가정의 우산이다. 가부장 제도가 무너진 안타까운 이 사회의 현실 속에 도덕과 인륜은 다 어데 갔단 말인가.

해마다 정월이면 멀리서도 인사차 세배를 다니던 고향의 옛 정취가 아련히 떠오른다. 맛있는 음식과 술을 차려 내고 한해의 무운(武運)을 웃음으로 나누던 따끈따끈한 구들 아랫목에서의 겨울은 정말 정(情) 그 자체였다. 그렇듯 남의 부모에게 까지도 공경을 아끼지 않았던 '터' 나눔의 이웃사람들이었건만. 지금은 이게 무엇인가? 비난받아 마땅한 오늘의 세태(世態)에 화가 치민다. 서러운 마음이다.

나는 네 아버지다. 나는 네 아버지로서 너희들로 하여금 아버지로서의 존재 가치를 진심으로 인정받고 대접받고 싶다. 능력은 요것뿐이었지만 그러나 최선을 다한 아버지로 남고 싶구나.

아버지로서 자식을 나무람은 잔소리에 학대로 생각한다면 자식으로서 아버지에 대한 배신이자 반항이라고 이름 짓고 싶구나. 얘들아 당부한다. 삐뚤어진 어제들은 이제 이 아버지 기억 속에 없다. 당하고 상한 기분 서럽고 원통한 마음까지도.

자, 이제 해는 서산에 기울고 쌀쌀한 바람과 함께 찾아 온 이 가을, 푸르던 들풀도 차가운 가을 기운에 퇴색(退色)해 쓰러져 안타까운 마음처럼 인정받지 못하던 이 아버지도 불혹의 나이를 훌쩍 넘긴 황혼 저편에 무언가 허전하고 아쉬움에 가끔은 눈물을 흘리는구나. 몸은 천근에 마음은 급하지만 어이 세월 탓만 하랴.

현실이 꿈이 아니었으면 하는 마음이지만 나도 어쩔 수가 없는가 보구나. 나이를 인정하고 어제와 다른 얼굴의 주름을 이해하며 노후의 비장함도 다져야 하는 또 다른 과제요 숙제가 날 기다리고 있나 보구나. 늦었다고 생각한 때가 가장 빠른 길이었다고 하더라만, 나 자신이 자신을 이해하기 힘든 지금 물거품처럼 쓰러지는 모든 생각들 마음의 희망을 잃어간다.

차라리 모든 것이 꿈이었으면 이 꿈에서 깨어나 나는 다시 새로움의 시작을 목표했으련만 안타깝지만 현실이고 보니 내가 나를 모를 일처럼 어지럽구나.

맏딸을 시집보낸 부모의 쓸쓸하고 섭섭함처럼 고향을 되짚어 본 어제와 오늘의 너희들 나무람까지도 이제는 할 말이 없나 보다. 그래서일까? 끝이라는 이별 같은 서운함이 어제와 오늘을 교차하여 나를 괴롭힌다.

사랑의 이름으로 불러 보는 나의 두 분신 린아, 설이야! 너희 둘은 이 아비의 눈 속에 마음의 빛이다. 일곱 빛 무지개가 아름답다한들 이 아비의 눈 속에 비치는 너희 둘을 향한 그 마음처럼이야 하겠니. 너희 둘을 사랑하는 아버지가 되고 싶구나.

아쉬움이라면 이 아버지가 바라던 마음속의 꿈에서 멀어져 서운함을 가져다주었다는 것 하나. 기대는 아버지 혼자였고 갈 길은 너희들의 것이었으니 어찌하랴.

꿈은 선택된 자만이 이룰 수 있는 내 자신의 행운임을 말해 주고 싶구나. 앞으로 네 인생에 있어 어떠한 난관이 놓여 지려는 지는 신만이 알 수 있지만 이럴 때마다 슬기와 지혜로 이겨내는 내 사랑하는 딸들로 남아다오.

내 자신이 즐거워지려면 남을 행복하게 해 주어야 한다. 사람을 얻는 자가 천하를 얻는다는 것도 알고 있느냐. 이 아비의 눈 속에 빛인 우리 두 딸. 이 아버지는 너희 둘에게 넓고 푸른 바다를 선물한다. 평생토록 네 주위로 하여금 늘 존경과 사랑받는 아버지의 보석으로 남아라.

나의 분신
두 송이 꽃
화려함으로 피어나라
태양아래
파란 마음으로 예쁜 꽃 피워내라
소금이 되고
밀알 되어
상록수 인생으로 거듭나라
세상 올바른 길
조심으로 디뎌 올라
네 인생의 소신을 꿈으로 엮어내라

늘 새로운 세상의 주인이 되어
앞서는 선구자가 되어라
너는 아름다운 불새
일천도 불 터미지 속에서도 살아남을
억척 기백으로
세상을 가슴에 품어
넓은 도량으로 세상을 안아라

제39장

[장녀에게 부치는 사연]

아빠라는 이름, 부성애(父性愛)라는 의미, 흐르는 세월에 이력난 천륜(天倫)의 기교는 하늘 끝 닿으련만 아비는 지금도 미숙하여 인생 공덕을 얼마나 더 쌓아야할까.

해골 굴림은 다 같은 것이 아니어서 우수한 유전자적 두뇌가 아니어서 비명횡사하여 우주를 떠도는 영혼의 미아처럼 끈끈하지 못한 미온적 부성애, 남풍 따라 날리는 황사안개처럼 별 볼일 없는 아비는 오늘도 미안한 마음이다.

어제와 오늘이 다르게 발전하는 문명의 이기 속에 자식 난장하여 꾸려가는 삶이 가히 경이롭구나. 부드럽고 까만 머리 결에 꽂을 예쁜 머리핀 하나 제대로 사줘보지 못한 별 볼 일 없는 아빠. 어린 가슴에 상처만 남겨준 한심한 아빠, 엄마의 맛난 젖보다는 껄끄러운 밥으로 대신했던 죄 많은 아빠.

강변의 태공이 낚시를 드리우고 찌만 바라보듯 일에만 매달려 어물쩍거리는 동안 가난한 아빠에게 짐이라도 아니 되려는 듯 훌쩍 커버려 사회인으로 성장해 갔지. 자력으로 상고를 졸업하고 영세업체 사무실 경리로부터 호텔의 교환원으로 삶을 일구며 세상을 이기려 발버둥 쳤지.

이젠 착한 오 서방을 만나 두 아이의 엄마가 되었고 행복의 요람을 가슴에 안았지. 이제 이런 이야기가 무슨 소용이랴만, 꺼내서 드러내고 싶은 마음보다는 한 번도 너에게 하지 못했던 과거사를 고백한다는 의미도 갖출 겸 떡 본 김에 제사지낸다고 내친김이라는 말 앞세워 어쩌면 너로서는 생소할 의미를 심판 하고자 한다. 널 낳아준 엄마는 당시 19세였고 아빠는 아마 25세 나이였지.

네 고모 친구였던 네 엄마와는 형식상의 남매를 맺은 오남매 같은 허물없는 사이였고 도덕적 차원에서 동생이고 오빠일 뿐 필요 이상의 생각은 전무였지. 한참 본능적으로 연애 감정이 풍부했던 나이들이라서 마음 다스림도 중요한 시기였지.

그러나 조물주가 부여해 준 본능적(本能的) 문란은 언약의 고리를 끊고 말았지. 이성(異性)에 끌렸고 순수함에 매료된 네 엄마와 아빠는 사랑이라는 순수로 한쌍의 커플이 되었지. 세상을 다 얻은 듯 죽을 만큼 행복했지. 그러나 쉬 더운밥이 빨리 식어 버린다고 했듯 네 엄마의 뜨거운 가슴은 속담처럼이나 빨리 식어 3년여를 아빠를 아프게 했고 번뇌에 시달리는 환자를 만들어 버리더라.

3살 네 어린 손을 놓아버린 비정한 엄마와 운명적 갈림은 그렇게 끝이 났지. 이기적(利己的)이고 독선적인 가식의 심리가 야속이라는 울분이 산고처럼 불거져 이별이라는 가혹한 선물을 주고 떠난 네 엄마는 그렇게 가버리더라.

네 엄마는 독실한 기독교 신자였지. 주일학교도 도맡아 아이들을 지도하고 기도와 책을 무척이나 좋아했던 여자. 알뜰하고 손끝 야무진 어느 곳 하나 나무랄 곳 없는 속 깊은 여자였지. 그런 여자가 왜? 참, 알 수 없는 것이 사람의 마음이더라.

이젠 먼 훗날 같은 39년 전 강변에서 주은 작은 바둑돌 세 개. 그 세 개의 바둑돌은 우리 만남의 정표였고 영원함의 산물이었지. 작은 소라 접시에 지금도 소중하게 감추어져 있는 그 세알의 바둑돌을 보면 불현듯 일어나는 네 엄마의 생각, 아빠에겐 영혼 같은 것이야. 하늘에서 내리는 단죄란 이런 것이더라.

네 엄마의 이름은 참 촌스러웠지. 삼순이라는 이름을 가졌으니까. 성은 조씨, 조 삼순이 네 엄마였지. 3남 2녀의 막내로 인천 북성동이 고향이고 가난이 꼬챙이 같았던 집구석 열악한 집 사정에 학교는커녕 어린 나이에 피아노가 있는 어떤 국민학교 선생님 집에서 식모로 군식구가 되어 살림살이를 돕고 배웠단다. 손이 예뻐서 늘 선생님은 네 엄마의 손을 어루만져 주었다고 하더라. 해소가 있는, 집에 있는 엄마가 보고 싶고 집이 그리워 울기도 많이 울었단다.

남의 집을 전전하며 성장한 탓일까. 우울증 환자처럼 말수가 적었던 여자. 고독을 사랑했고 조용한 산책을 즐기고 늘 책을 가까이 했던 외로운 독서가이기도 했지. 감수성이 남다르고 소설가 박경리를 존경했지. 서양 요리에 관심이 깊어 공허한 시간일 때면 처음 맛볼 수 있는 소스가 발라진 색다른 서양 요리를 만들어 밥과 김치밖에 모르던 허한 입을 화려한 맛으로 치장해 줬지.

늘 양 갈래로 머리를 땋아 내린, 가르마 타진 납작한 뒷 머리통이 참 예쁜 여자였지. 단벌이지만 자주 세탁하여 주름 잡힌 바지를 입어 깔끔했고 여자로서의 면모를 눈에 보이게 드러내는 청순한 요조숙녀였지. 작은 키 외엔 험 잡을 곳을 없는 사람이었지.

벽이 똑바른 하늘 찌르는 뾰죽 집 타령을 집념처럼 꿈꾸듯 내 귓가에 속삭였고 소녀처럼 수줍어하던 애교덩어리 여자가 네 엄마였거든. 나이답지 않게 늘 소녀 같은 꿈들을 이야기 했고 감수성이 풍부한 탓에 눈물이 흔했다.

사랑스런 입맞춤 뒤엔 싱그러운 오이향냄새가 나던 스무 살 여자. 얼굴은 꽝이지만 물같이 부드러운 살결과 붉은 입술이 포인트였던 네 엄마. 상냥한 며느리로 할머니에겐 금쪽같은 며느리였고 알게 모르게 살림살이에 관대함이 칭찬스러웠으니 네가 태어난 지 얼마 안 되었을 즈음, 아빠는 음악에 입문하던 시기였지.

그때 네 엄마는 이불로 널 꼭 싸안고 아빠의 첫 공연모습을 축하라도 하듯 할머니와 아빠의 사촌 작은어머니와 대동하여 무대 맨 앞자리에서 지켜봤던 그날 찍은 흑백 사진 한 장은 지금도 남아 있단다. 이렇게 작은 무대에서 시작된 아빠의 고공행진은 큰 무대인 극장무대까지 서게 되어 희망적인 훗날을 기약하는 전율을 느끼기도 했지.

이후로 아빠는 꿈에만 그리던 평생의 소원인 레코드 취입을 했단다. 지구레코드사와 유니버셜 레코드사 두 곳에서 두 곡의 음반을 만들게 됐지. 마음은 벌써 우상적 환상으로 설렘에 하늘을 나는 기분이었지.

네가 커가는 모습을 관찰하면서 무엇을 향해 걸어갈까를 제시하리라는 아빠다운 야무진 속내가 있었는데 그 찰떡같은 파란 꿈을 네 엄마는 무참히 끊어버리더라. 나쁜 여자. 평생 무거운 십자가를 등에 메고 힘겨워 끙끙거릴 여자. 가슴 가득한 양심을 쓰레기통에 버려도 하나도 아깝지 않을 위선자. 이런 네 엄마가 한 때는 내 사랑이었으니.

제40장

작은 딸에게 주는 아버지의 당부, 그리고 고백

천륜(天倫)이어서 사무친 원한이란 있을 수 없겠지. 그래, 지난일이니 그렇게 넘어가자. 그러나 지금은 흔적이고 추억이 아니더냐. 그래서 까발리고 싶다. 어금니를 앙 다물며. 잡히면 죽이고 싶도록 힘들게 했던 중학시절 내 분신이고 막내딸이었던 너는 아빠에겐 일백년 묵은 흰 꼬리 한 마리 여우였으니.

집안을 뒤져 돈을 훔치고 집을 나가 종적 감추기를 밥 먹듯 했지. 애간장을 녹이고 심장을 찔러댔어. 미친 개 싸지르듯 기고만장하여

거리를 배회하고 피를 말렸지. 여기쯤 있을 거다 하는 추측으로 밤을 헤매며 찾아보면 어느 새 새벽녘 눈도 못 부치고 하품으로 대신하며 출근해야 하는 피고름 맺힌 나날들이 장장 일 년 여 남짓. 가슴은 썩을 대로 부패했고 정신은 혼미해져 갔지.

일일이 열거하면 한도 끝도 없는 비정(非情)의 시간 속에 살아있는 의미마저도 망각일로에 버려야 할 만큼 참담한 현실이었지.

어떻게든 학교 수업은 해야 한다는 아빠의 간절함의 염원에 차에 태워 교실 문턱까지 데려다 놓으면 뒷문으로 빠져 달아나 버리는, 약 올리는 오만(傲慢)은 차라리 차원 높은 머리 굴림에 조롱에 업신여김이었으니 나를 펄펄뛰게 만들었다.

치졸하고 염치없는 네 행동에는 원수 같은 짝패가 있었으니 남의 자식 꼬임에 내 자식 오염되어 억울하고 어쩔 것이냐고 꾸짖고 미워할 처지도 아니어서 슬프고 야속하지만 벙어리 냉가슴에 아비의 몸은 점점 허물어져 갔음을 알았을까?

복장이 터질 듯 아파 주먹으로 가슴 치기를 연습처럼 해 댄 응어리 가슴을 어찌 할까? 차를 달려 교각을 들이받아 현실적 교만을 탈피할 죽음으로의 인연을 생각 할 만큼 아비는 슬프고 서러웠으니…….

벌고 빚을 내며 희망을 걸었던 7년여. 예능마저도 쪽 나버린 기막힌 악몽들. 비록 17년 전 일이었지만 그 생각을 떠올리면 지금도 울렁증이 인다.

내 자식 나무래야 내 얼굴에 침 뱉기지만 부모로서의 가정교육이 부족한 탓을 사전에 감지 못한 책임의 대가가 그런 것이었음을 소 잃고 외양간 고치며 알게 됐으니 아이고야! 애비, 에미가 잘못했다. 주객(主客)이 전도(顚倒)됐다 카이.

누구에게 책임을 조금이나마 전가하기엔 비겁하지만 자식 사랑 속으로 하는 것이건만 네 엄마 생각은 삐뚤고 달랐어. 학교가길 거부하는 너의 손에 돈을 쥐어주고 택시를 태워 등교하게 하는 물질을 이용한 겉핥기식 사랑을 베푼 거지. 아빠는 너를 위해 죽어도 행복할 만큼 널 끔찍이 사랑했지. 여기서 저길 가도 늘 손을 잡고 함께였으니까. 부모라면 당연함이지만 유별난 아빠의 사랑을 받은 너였으니까.

어려서 유난히도 경기(驚氣)를 자주하여 한밤중에 들쳐 업고 병원문을 두드리길 수십 번. 하마터면 저세상에 영원히 볼 수 없는 가슴에 묻어야 할 그런 자식이 살아있음에 감사함이 두 세배 사랑으로 잉태했음이지. 이토록 끔찍이 사랑했던 내 딸이 아비의 가슴에 비수를 꽂을 줄이야.

네 엄마의 그릇된 자식 생각에 박수칠 일은 없다만 네 엄마로서는 당시 최선의 선택으로 자식에 대한 사랑을 표현한 것이겠지. 꼭 그래야만 했을 당시의 방법이었을 테니 크게 나무랄 일은 아니겠지.

삐뚤어져 가는 딸의 달램은 수그러져 져주고 돈을 줘 덜된 생각을 가라앉히려는 궁극적 행각이었을 테니. 옳건 그르건 자식 생각하는 부모 마음이 아니었던가 싶다. 더 나무라고 싶다면 생각 없는 편견이 불러온 역행에 동조자로서 따끔한 일침 피할 길 없는 정신없는 여자가 네 엄마라는 사실, 너에겐 봉인 네 엄마, 이제 무슨 소용이랴. 죽은 자식 부랄 만지기지.

네 꿈을 네 스스로 차 버렸으니 어디에 대고 푸념할 수 없을 터. 아비는 끝나는 날까지 널 위해 최선을 다했다. 하늘 우러러 한 점 부끄러움 없는 최선을 말이다. 한 때 네 그릇된 생각으로 꿈이 풍비박산(風飛雹散)이 되어도 세월은 아랑곳없이 가는 지라 벌써 네 나이 서른하고도 한 살이다. 강산이 세 번 변해버린 어느 날 한번쯤 지난날을 후회도 했으련만, 개과천선 마귀의 허물에서 벗어나 이젠 어른으로서 삶의 고지에 깃발을 세우려 한다. 성난 파도 걷히고 잔잔히 일렁이는 갇힌 호수의 평온이 상처 난 핏자국을 씻어내고 있어 어둡고 긴장됐던 긴 침묵에 깨달음의 빛이 널 향하고 있어.

차라리 죽어버렸으면 하는 저주스러웠던 아비로서의 억한 감정 따위 잊은 지 오래지만 그럴 수밖에 없었던 힘겨운 아비의 심정을 용서라는 이름으로 감내해 주었으면 싶다.

자립적 생활로 지금에 이르러 혼자만의 생활에 익숙해진 헤픈 씀씀이 하나. 부자 마나님 부럽지 않게 써 대는 쇼핑 근성이 아빠를 당혹케 하는구나.

헌것을 아껴야 새것이 있고 굳은 땅에 물이 고이듯 가진 것 없는 아빠로서 줄 것은 마음뿐인데 노후를 생각하듯 너도 네 앞을 저울질해야 하지 않겠니? 노냥 후줄근하게 가난의 티를 못 벗는 아빠의 초라함이 싫었던 게지. 서민의 옷이 아닌, 메이커 옷을 사다줘도 기쁘지 않은 건 네 헤픈 씀씀이가 미워서 이고 정신 못 차릴 걱정이 앞서기 때문인걸 아느냐?

남들 곤한 잠에 빠져 있을 그 시간에 잠 못 자고 낮과 밤이 뒤바뀐 생활 속에 졸린 눈 비비며 번 돈 아니냐!

그런 피 같은 돈을 흥청망청 이라니. 그건 아니지, 그러면 안 돼지. 복국에 소금에 절인 조기 한 마리 걸어 놓고 밥 한 숟가락에 조기 한 번 쳐다보고 두 번 쳐다보면 짜서 안 된다는 자린고비의 일화를 너는 알아야 할 것 같다.

좁쌀영감처럼 미주알고주알 성인이 된 너에게 이래라 저래라 간섭은 부모의 입장이자 자식 걱정하는 부성애의 하나일 뿐이지 결코 쓸데없는 잔소리는 아니라는 걸 새겨두기 바란다. 잔소리 대장 노파심은 아니라는 거.

타고난 직격탄 같은 괄괄한 성격에 곱살스러움 없는 차가운 타입의 네 모습이 요조숙녀(窈窕淑女)는 아니다만 그래도 속내가 깊은 것 같아 아빠가 고마워하고 싶다.

아침에 다소곳이 피었다가 저녁에 지는 순수한 짧은 운명의 나팔꽃 같은 그런 딸이 아니 되었으면 하는 것은 이 아빠의 내숭 같은 욕심일까?

제41장

[야호에게]

이보시게 마누라, 참말로 고생 많으이. 돈 없고 빽 없고 능력 없는 못난 서방 만나 그래도 인연이지 악연인지 이렇게 만났으니 어쩔거나. 미우나 고우나 내 서방, 내 마누라 이것이 정답 아니 것는가.

자네랑 나랑은 천륜이 아니여. 암만 생각혀도 아니지 암만, 아니구 말구. 불과 기름이여, 확하고 일어났다가 피그르르 사그라진, 아! 옛날이여. 고것이 제 참 팔자 드럽당게. 어쩌다 걸린 게 언청이라고 낚싯대 드리우자마자 후딱 걸린 게 어쩐지 쉽다 싶드만. 아니나 다를까? 병쪼가리에 내 인생에 있어 도움이 안 되네 그려.

뒷걸음질로 똥독에 빠진 형국일세, 이게 바로 나여. 후처로 스물다섯에 만나 서른 한 해를 살아도 아릿한 여자임을 밝혀 낼 수 없는 미완의 여자, 남쪽나라 전라도에서 인천꺼정 기어 올라와 요따위로 재미없게 살려고 나랑 인연(因緣)이 돼 브렀다냐. 야! 아그들아, 귀 막어라. 이 시방 마누란지 계란인지 흉보는 중여. 댕댕하고 호기 어린 박 씨 가문의 셋째 딸 박 혜숙이는 돌연변이였으니 이걸 으쩌면 좋우.

사랑할 수 있는 겨를도 행복해야 할 겨를도 없이 나와 인연이 되기 전에 이미 간첩처럼 파고든 병마(病魔). 한 번의 상처가 치유되기도 전에 쓰나미처럼 밀려 온 또 하나의 적치물 같은 황당함이 내 인연이라니. 내 팔자에 손사래를 치기에 앞서 연로한 두 부모님 안전이 더 미안스럽고 죄스러워 나는 망부석이 되다시피 회의에 회의를 번뇌하고 있었다.

새 며느리 데려와 한 숨 돌린 흐뭇한 어머니의 기쁨이 끝나기도 전에 이 사람은 아파서 누워버렸고 거동조차 비근한 처지로 사경을 헤맬 지경일 정도로 점점 더해가 물 한 바가지는 고사하고 일어서는 것조차 겨워 내 애간장을 태웠다. 며느리 손에 뜨신 밥 얻어먹긴 애시당초 꿈이었고 오히려 없던 화근을 불러 자초한 꼴이 되어 늘어난 식구의 치닥거리가 오히려 어머니에겐 큰 짐이 된다.

아픈 며느리의 일거 수족이 되어 빨래 해대랴, 식당 뒷설거지 하랴, 이건 며느리가 아닌 상전으로 일상이 고달퍼 잠자리 때의 어머니는 신음이 잦았다. 난 늘 오금이 저렸다. 끙끙 앓는 징그러운 신음소리가 싫어 남남처럼 너는 너, 나는 나로 거꾸로 잠을 청해야 했다. 그렇게 살기를 벌써 서른 한 해. 긴 병에 효자 없듯이 믿고 따라야 할 소위 마누라라는 사람이 이 지경이니 낸들 어찌 삶이 즐거울까.

나는 말이 없어졌고 늘 마음이 언짢아 시무룩했고 사람이 싫은 우울 증세까지 오는 환자가 되어갔다. 잠이 들면 날 새는 것이 두려웠다. 마음고생으로 늘 가슴은 납덩일 얹어 놓은 듯 무겁고 찰박했으니 화병이 들었나, 숨이 차고 몸이 늘어지는 괴변이 땅거미처럼 밀려온다.

자그마치 31년을 서울 한양대병원 류마티스 약을 먹기 시작하여 지금은 인하대병원에서 치료중이나 평생 나을 수 없는 고질 적 병마로 기약 없는 치유는 언제가 끝일지.

부부는 하나다.

더하기 빼기도 없이 숫자로는 1인데 그 곧은 1이 꿈틀대는 송충이처럼 S자로 굽었다. 이게 우리 부부의 표상이다. 일백년 해로할 찰떡궁합은 결코 아니다. 한 지붕아래 한솥밥 먹으니 남들은 부부로 봐주지만 실제는 속이 텅 빈 박제와 다르지 않은 깊은 정이 절박한 위기의 어설픈 가족이다.

말을 쏟으면 그건 곧 전쟁을 의미한다. 눈에 거슬려 할 말이 많아도 내 신경을 내가 건드리는가 싫어 말을 아끼고 자제한다. 자신의 허물을 뉘우치거나 다스리는 기세는 아예 없는 듯 말뚝이고 벽창호로 오기와 감정을 먼저 내세우는 상대하기 껄끄러운 고집불통이라

할까.

대화 없는 집안에 행복이 있을 수 없듯 꿀 먹은 벙어리로 남남처럼 지내며 우리 가정은 언제나 날씨 흐림이다. 새벽에 별을 보고 출근하여 별을 보며 고단한 몸 이끌고 늦은 밤 귀가에도 단 한 번도 수고 했다거나 측은한 눈길로 반겨준 적 없어 야속한 냉철에 서운함이 어느만큼이었던가. 이제는 면역이 되어 본래 그런 사람이라 치부한지 오래다.

늦은 귀가를 반겨 주는 건 마누라가 아닌 세 마리의 내 애견뿐이다. 펄펄 뛰고 긴 혀로 핥으며 살랑이는 꼬리침에 하루의 피로가 안개처럼 가신다. 이놈들은 나의 요람이고 힘이다. 그래서 더 사랑하고 예뻐 죽을 지경이다.

너 자신을 알라 생각해 보았느냐. 모든 허물을 애꿎은 마누라에게 뒤집어씌우려는 의도는 선택적이냐 우발이더냐.

아니올시다. 왜곡은 없소, 콩은 콩이고 팥은 팥인 고로 벌건 하늘이 저 위에 있거늘 어찌 마누라 피풍(皮風)에 칼을 갈겠소. 어찌 아니 그럼을 그렇다 이르리오.

내 어머니에겐 나쁜 며느리로 입소문에 고약한 며느리로 낙인이 찍혀 회복할 수 없는 오명으로 남은 사람. 난들 바보가 아닌 이상 그걸 모를까.

살 맞대고 살아야 할 소위 남편이라는 나에게 조차 무신경 안하무인(眼下無人)인 그가 한 치 건너 뛴 시어머니에게 며느리로서의 소임을 다 했다면 이 여자는 미친 여자다.

강한 쇠는 부러지는 법. 내 얼굴에 침 뱉고 내 꼴 남 뵈자고 이에 열거하는 것은 아니다.

자전서는 꾸밈없는 글이어야 하기에 창피나 민망도 잊자 했다. 30년 동거에 거북스러움을 일일이 피력하자면 몇 날 몇 밤을 새워야 할 엄청난 긴 글의 여정이 필요하지만 요 정도에 그치는 건 그래도 명색이 마누라여서 체면치레로 나의 최대한의 배려라는 걸 알아주길 바란다.

여보. 으흐 참 어색하구만.

잘 살아봐야지.

어때...... 하늘이 몹시 푸르구먼.